JN440698

생각나는 대로 쓰기 V

이 도서의 국립중앙도서관 출판예정도서목록(CIP)은 서지정보유통지원시스템 홈페이지(seoji.nl.go.kr)와 국가자료공동목록시스템(www.nl.go.kr/kolisnet)에서 이용하실 수 있습니다. (CIP제어번호: CIP2016021921)

생각나는 대로 쓰기 V

초판 1쇄 발행 2016년 9월 13일
2쇄 발행 2016년 10월 4일

지은이 정훈진 **펴낸이** 임정일
책 임 임병천 **디자인** 이동헌

펴낸곳 책나무출판사
출판신고 2004년 4월 22일(제318-00034)

주소 서울시 영등포구 신길3동 325-70 3F
전화 02-338-1228 **팩스** 0505-866-8254
홈페이지 www.booktree.info

ⓒ 정훈진 2016

ISBN 978-89-6339-485-5 03810

*이 책의 판권은 저자와 책나무출판사에 있습니다.
*양측의 서면 동의 없는 무단 전재 및 복제를 금합니다.
*잘못된 책은 바꾸어 드립니다.

생각나는 대로 쓰기 V

정훈진 지음

글머리

혹 사랑하는 이를 알지 못해 궁금한가?

"나를 사랑하는 사람은 같이 있으면 점점 내가 커지고

그 사람은 점점 작아지는 사람이다.

나에게 자신의 무언가를 기꺼이 주어서

내가 커지는 것을 기뻐하는 사람이다.

내가 사랑하는 사람은 같이 있으면 점점 그가 커지고

내가 점점 작아지는 사람이다.

그에게 나의 무언가를 기꺼이 주어서

그가 커지는 것이 무한히 기쁜 사람이다."

그런 사람이 있나요? 그러면 행복한 것입니다.

없나요? 찾으세요. 두 눈 크게 뜨고!

2013년 10월 18일 4권을 출간한 후 3년이 지나갔다. 시간이 강물처럼 흘러간다. 지난 3년은 어렵고 힘든 날이 많았다. 딸

에 이어 아들아이도 결혼하여 분가해 나갔다. 30년간의 정든 직장을 떠나는 아픔, 장년기에 든 나이와 퇴직에 따른 심리적 불안감, 패배감, 무력감, 칼로 베는 듯한 배신감, 굴욕감도 느꼈다. 아내와의 노후에 대한 생각의 차이, 아이들이 외국에 정착함으로써 사랑스런 자식과 손자, 손녀를 자주 못 보는 갈증도 있다. 또 재취업에 따른 적응, 새로운 생활, 신 인간관계 형성의 어려움 속에 한해 두해가 갔다. 이러다 언제든 죽는 게 인생인데… 문득 이런 생각이 들어 5권 출간 작업에 들어갔다.

대작은 아닐지라도 내 손때가 묻은 글과 그림으로 한 권, 한 권 책을 만들어 가는 것, 이 또한 나만의 소소한 즐거움이라. 사실 4권을 낸 이후 5권에는 그림과 시를 함께 담아 보려 계획했다. 정년을 앞두고 마음을 붙이려 유화를 배우기 시작한 것이 그 단초다. 그러나 경황도 없고 바쁘게 지내온 탓에 그림 실력은 그리 늘지 않았다. 기대에 못 미치나, 사는 게 그런 것 아니겠는가. 다음에 더 나은 작품을 기대하며 함량 미달의 졸작을 배경 사진으로 싣는다. 미대를 나온 딸아이와 부다페스트에서 구입한 그림, 초기 몇 분의 작품을 따라 모사한 것이 서너 개 포함되어 있다. 내 수준이 그러하며, 독자라야 몇몇 지인들에게 주는 것이니 그리 큰 흠은 아니리라. 또 영시를 간간이 읽다 보니 한번 써보고 싶은 욕심에 주제넘게 몇 편 써봤다. 한글이나 영어나 따지고 보면 다 사람이 쓰는 글이다. 내 수준에 역시 크게 흠이 될 건 아니렸다.

사업에는 별로 관심이 없으며, 정치는 이래저래 포기하고, 오로지 강호에 병이 깊어, 나 닮은 우둔한 벗과 소일하기 좋아하며, 역마살이 끼어 세상천지 발 닿는 데로 구경하기 좋아하는 사람이 바로 나다. 유유상종이라. 남은 세월 글이나 쓰며, 산수간 좋은 곳을 만나 그림도 그리고, 모지란 벗과 어울려 살다 죽을 것이다. 장수도 바라지 않고, 큰 부와 명예 역시 가당

치 않다. 자유인으로서 오두미에 절요하지 않고, 그저 추하지 않게 살다 죽기를!

우리가 오해하고 있지만, 진화란 종의 질서로 부터 벗어남이다. 그 일탈이 거듭됨으로써 신종이 창조된다. 기존의 원형으로부터 한없이 멀어지는 것, 그 일탈이야말로 진화요, 창조의 시작이라는 믿음이 다윈의 진화론이다. 진화론자는 아니지만, 세상이 이런 쪽으로 진화한다면 내 일탈을 기꺼이 더하고 싶다.

나의 두 아이와 손자 진영이, 그리고 이번 광복절에 얻은 손녀 선영이가 복되고 건강한 삶을 가꾸어 나가기를! 그것이 남은 소망이라면 소망이다.

■ 차례

시

수필

생각나는 대로 쓰기

시

삶

떠나는 것은 떠나가게 하자
떠나는 이는 말 없이 떠나가자
그동안 떠나보낸 얼굴
그동안 익숙했던 풍경
그동안 마주했던 순간들을
무겁지 않게 하자
지나온 자국들에
가벼운 미소만 남겨두자
다시는 돌아오지 않을 것처럼
그렇게 떠나가자
산다는 것은 떠나는 것
익숙함과의 결별
채워지지 않는 갈증을 찾아 떠나는
외로운 여로
숱하게 만나고 헤어져
아쉬움은 남아도
그 누구도 내가 아니듯이
그 어느 순간도
서로 같지 아니하듯이

이별은 늘 새롭게 다가와
떠나는 것은 떠나보내자
떠나는 이는 떠나가자
뒤돌아 홀로
눈물지을지라도.

양파

사랑이란 양파처럼
벗겨내면
벗겨낼수록
눈물이 나고
사라져
없어지는 것!

목 안의 새

목 안에 사는 새가 우네
숨죽여 우네
날지 못하는 새는 있어도
울지 못하는 새는 없어
초라한 모습 보이기 싫어
그저 목 안에 울지

낙서

어제는 진실로 믿었던 것들이
오늘은 얼마나 허구였는지
오늘 허구인 것이
내일은 또 무엇이 될지
진리가 이긴다고 믿고 싶은 거지
그렇게들 말하지
그런 것이 아니었어
이기고 지는 것이 아니야
승자도 패자도 없어
우린 다른 길을 가는 나그네
맹랑한 언어로 화장을 한들
모두가 허수아비
금박은박 포장을 한들
Nothing Inside
음악이 그치기 전에는
우린 춤을 추어야 해
우듬지 너머로 해가 질 때까지
걸어가야 해
두려워 마라

기대려 하지 마라

응당 그러한 일이어니

운명

일억의 눈송이가 쌓일 때까지
아무 일이 없었습니다.
다음 한 송이가 내려앉을 때
나는
뚝,
부러지고 말았습니다.

그리움

떠나가는 그대 모습 작아지기 전에 한 걸음
작아지는 그대 모습 점이되기 전에 두 걸음
눈길 닿는 데까지 그대 모습 담아두고 싶어
한 걸음 두 걸음 쫓아가 바라보네.

달

나를 좋아하는 놈이 숱하게 많았다.

술 마시다 물속에 뛰어든 놈도.

요즘은 좀처럼 보기 힘이 드네.

나이 드니 한물간 건가.

보름이니 화장이나 한번 해볼꺼나!

작약 꽃

작약 꽃이 피면
내 마음은 흔들,
한 송이 꺾어
그대에게 주고 싶어

작약 꽃이 지면
내 마음은 철렁,
언제 그대
다시 올까

내리사랑

살이 찐 것이
풍성해 보이는 것으로
늦잠 자는 것이
여유 있는 것으로
꼴찌 하고도 히죽거리면
성격이 좋은 것으로
소파에 종일 뒹굴어도
인내심이 강한 것으로
제 방 청소 한 번 안해도
언젠가 큰 일 할 놈으로
찢어진 눈에 주먹코도
매력이 넘치는 것으로
보이는 것이
자식

추운 날의 엘레지

옛날 옛적 여우난골에
자정이 지나면
깜깜한 산골짝에 불빛이 흔들려
불여우 재주를 넘었지
아흔아홉 번을 넘다
지나던 과객에게 그만 들켜
아리따운 처녀가 못 되었네
아 한 바퀴만 더 돌았으련만
깊은 밤 깊은 산속
여우가 재주를 넘는다
용감한 한 소년
여우를 찾아 나섰지
밤이면 산속을 헤매며
찾아도 찾아도
여우는 보이지 않았어
소년은 깊은 산속
날마다 날마다 들어갔네
그러던 어느 밤
깊고도 깊은 산속

빙글빙글 불빛이 일어
소년의 가슴은 뛰었지
미칠 듯이 뛰어
한 발자국
또 한 발자국
다가간 뱅글뱅글 불길 이는 그곳에
아리따운 한 소녀
웃으며
웃고름 입에 물고
백합처럼 피어있었지
깊고 깊은 봄밤
보름달은 느티나무 높이 걸리고
별처럼 반짝이는
두 눈동자여
혼백이 백리는 달아나
소년은 그만 넋을 잃었네
들꽃이 흐드러지게 피어
엉덩이 뒤로 뻗친
아홉 달린 꼬리를 감추었거든

혹여 보았던들
여우꼬리처럼 아름다운 게 있을까
살랑살랑 흔들면
황홀한 마음은 둥실 떠올라
삼수갑산에 가더라도
벗어날 수 있을까
나의 사랑
나의 소녀여!
손잡고 오솔길 들어서니
이름 모를 꽃은 바람결에 흔들리고
그윽한 향기 천지를 덮어
다람쥐가 쫑긋
토끼는 깡총깡총
궁노루는 호기심 가득 바라보네
길은 외줄기
조그만 산속 마을
만나는 이마다 코를 비비고
어깨를 툭 치며 웃네
아이들은 구경난 양

다투어 몰려들고
오가는 이 형제인양 반기는데
마을 앞 광장엔 축제가 한창
어여쁜 소녀가
뱅글뱅글 불을 돌리네
아!
멀리서 보던 그 불빛
애타게 찾던 그 불빛인 것을
모두가 춤추네
불빛 따라 둥근 원을 그리며
끝없이 춤을 추네
모닥불은 활활
달빛은 구름에 숨을 때
나의 소녀는
연기처럼 다가와
품에 안기니
기뻐서 혼절할 것 같아
심장이 터질 것만 같아
아!

부풀어 오른
간이라도 불쑥 빼어가고 말리라
죽음보다도 깊은
입맞춤이여!
나의 사랑이여!
찰나에
누우런 두 눈 번뜩이며 무시무시한 꺼먹 개가
쾌애액
굉음을 지르며 지나간다.
적막!
순간 모든 것은
흔적조차 사라지고
소년은 쓰러졌다 한겨울 파초인 양
그 밤이 지나고
또 숱한 밤이 지나고
흰머리 소년의 귀밑을 덮어
멀리 여우가 우는 밤
깊고 깊은 산속
빙글빙글 불꽃이 일면

소년은 헤맨다
달빛 아래 그림자 길게 드리우며
도시의 밤을 방황한다
그리움
견딜 수 없어
소년은 여우난골을 다시 찾았지
빙글빙글 불빛이 돌던 산속을
불빛 따라
발이 부르트도록 다녔어
불빛에 다가가면
노름꾼이요
낚시꾼이요
어쩌다 무당
텐트 불빛에 허연 허벅지가 흔들리고
사람들은 쑤군거렸다.
여우난골에 여우가 사라졌다
여우가 없어
뱅글뱅글 불을 돌리지 못한다
어느 밤

저 멀리

뱅글뱅글 도는 불빛 하나 있어

소년은 정신없이 달렸다

달리고 달리어

탁하고

숨이 끊어질 것 같은

그 순간

돌부리에 걸려 넘어졌다

일어서는 소년 앞에 한 노파 있어

한심한 듯

비웃는 듯

소년을 지그시 바라보네

다가와

코를 비비고 어깨를 툭 치더니

웃었다

아! 달빛 아래

빛나던 두 눈동자여

나의 사랑이여

그리고 홀연 사라졌다

감자

하얀 감자 꽃을 볼 때마다
눈물이 난다
쓸모없는 꽃
~
~~
~~~
나비는 꽃을 가리지 않았다
쓸모없다는 것은
나의 생각이었다.

~~~

Narrow gate

I am 1st class

I am proud of myself

Because I sit with the best people.

-business in 2nd

-economy in 3rd

All on board are in the same fate.

Will die at the same time

If the plane goes down in flames

Nevertheless

the seats are clearly classified

Into 3s, like our life.

All are born equal

All equal for death

But different in space

In service

In privilege

Yet life goes on to the death.

The class is forever

We all like to create our own unique name

with important titles

Like Prestige

And Power

Apart from the Herd

Under the light and dark

I am 1st class

"A Damn Fool"

On parting

Lines of broken poems
Criss-cross
forming a map
in my head-
Fragile roads winding out of nothingness
leading nowhere,
Is it the crossing that matters
Or the brokenness?

I will leave you,
My chin up,
Delicately balancing my ego
On the top of my head
Not daring to look back
For fear of it splashing all over you
Imploringly,
Memories look in my eyes
Saying No, please, no
Or worse, still,

Stretching out my palm,

To beg for more

Crouching ready to spring,

To back for more

On parting II

The sun's staring me in the light.
It promises what you could not-
To be with me wherever I am
And keep on shining when you are not.

The moon's staring me in the dark.
I know the moon is there
Only it's nowhere to be seen-
It's caught me in its snare.

Despair's staring me in the face.
Hope's staring me in the face
It's what keeps us alive
Although they don't really exist at all.

The truth is staring me in the face.
It will not go away
I know-if you stay, you will go
And if you go, you will stay.

The holiday season

I have eaten
bread and butter
for life
again today.

The holiday c-zone
makes a hole
in the o-zone
don't feed it.

A bit on the hollow side
not wholly holy
holidays leave a hole
in my chest.

The holiday season
made up entirely
of you and me
reflected in a trinket

on the Christmas tree
but that, only.

We all are
for each other
Each day I hoped
they'd keep the bond, knew
they would not.

Nobody will wholly
kiss you
We live in a world
of our own individuals.

결별

해도 달도 다시 뜨련만
우린 서로 다른 낮과 밤을 갖겠지
어제를 버린 순간
내일은 바뀌어 버렸지
삶이란
아픈 동화를 엮어 가는 거라고
누군가 말했듯이
나타샤는 오지 않고
오지 않고
내 마음은
갈대처럼 흔들려
그러나 오라 서슴없이 오라
가차 없이 다가와
나를 밀어다오 절벽 너머로
사망의 골짜기에서
갓 허물 벗은
나비처럼 나폴거리며
새로운 비행을 시작하련다
안녕이라 말하지 마라

훗날에 저 높은 하늘 위

별이 되어 다시 만나자

그대와!

마주치면 보내는 작은 미소
짧은 글
작은 대화
때때로 같이하는 커피 한 잔
어려울 때 찾아주는 마음
남들이 욕할 때 아니라고 말해주는 용기
가끔은 소주 한 잔에
모든 걸 훌훌 털어버리고
그대의 위로를 받고 싶을 때
전화를 걸면
서슴없이 내 편이 되어주는
흐르는 물과 같이
만나고 헤어지고
그리고 문득 그리워지는
한켠에 고이 묻어둔 얼굴
서로에게 등을 받쳐주는
그런 얼굴
오늘의 닭다리를 뜯기 위해
이제

돌아가지만

그 뒤켠에 우리 날숨 들숨이

진하게 배인

그런 술잔을 나누고 싶어

그대와

그리움 2

살다보면 더러는 잊힌다기에
세월 가면 잊겠지 생각도 했네
일년 이년 삼십년이 그저 지났소
또 삼십년 지나가면 그대 잊힐까

사랑이 사는 곳

사랑은 어디에 살까
길 건너 아파트 천사동 천사호일까
두근거리는
내 가슴 속일까
아니면
봄날 피어오르는 아지랑이!
오늘도 나는
사랑 찾아 기다리노라
그대 그리워

望海寺

고향에 오다가다
생각나면
들리던 절
봄날에는
벚꽃이 흩날리고
겨울엔
바닷바람이 매웠다
부서지는 파도가
앞마당을 들이치고
저녁이면 낙조가
가슴을 시리게도 하던
그곳
보노라면
그냥
마음까지 가라앉던
한적한 사찰
만경 벌
가도
가도

언제나 제자리 같던
반도에서
오직
수평선과 지평선을
볼 수 있는
생명의 대지와
바다를 잇는
그 자리
김제에 진봉산
조그만 언덕 위에
있는 듯
없는 듯
들어앉은 절
바다를 바라보아
망해사라네
산천의구라
이제 옛말이 되었구나
저어기
낼 모레면 사라질

심포항에

비스듬히 누운 배

버려진 어구들

새만금 방조제로

망해사는 바다를 잃고

그 많던

백합이며 망둥어,

거전갯벌이

태고의 숨을 다하는데

아쉬움은 끝이 없어

견주어

님 보내는 심정이라

서운함을 달래려

내 오늘

망해사를 읊노라

바다

온 세상 강물은 다투어
바다로 가나니
그리하여 바다가 되나니
어둠 속 촛불처럼
한 줄기 빛을 밝히고
나도 가리 바다가 되리

사랑

사랑한다고
다
말할 수는 없을 걸,
말한다고
다
이루어지지도 않을 걸,
그래도
난
하루도
사랑 없인 살 수 없어,

浮萍草

물 위에 떠다니어

부평초란다

오늘은 이곳에서

내일은 저곳

바람 불면 부는 대로

몸을 맡긴다

가는 곳 묻지 마라

나도 모른다

萍水相逢 반갑구나

물 위가 고향

내 이름은 부평초

떠돌이란다

北海島

어디쯤에서 기다리고 있었노.
가물가물 어린 기억 속에서
너는 머언 북쪽 나라
빙하라도 떠 있고
하늘은 기인 양털 구름 그득해
넓고 넓은 평원
그 야무지게도 너른 대지 위에
사슴은 뛰노는 곳
유월에도 산등성이 흰 눈
자작나무 희디 흰 종아리 눈이 부시어
저 깊고 깊은 수풀 속에
석탄이라도 캐던
나의 할애비 불쑥 나올지
아름다운 것은 어찌
이리 눈물겨운 것이더냐
웃음이 있고
행복만이 있어
아리고 서러운 눈물 없다면
무엇이 아름다우리

헤어짐이 없는 만남이라면
그리울 게 무엇이며
또 무엇이 안타까울까
숲 속 여우가 내게 다가와
말을 걸더니
초콜릿을 앗아가는 동화 속 나라
모든 걸 품어주어도
욕심 많은 족속에 밟히어
너는 그래서 눈물의 섬이기도 하여라
북해도야
동해와 태평양,
오오츠크의 한류가 부딪치어
사철 차가운 나라
겨울이면
순백의 설국이 되는
아름다운 섬이여

불나비

불을 찾아
헤맨다
불이 좋아
목숨을 건다
불속에
온몸을 사른다
한 줌 재가 되어
사라진다
바람처럼
왔다가 간다
너
그리고
나

브로츠와프Wrocław 가는 길

산속에 길을 잃다
캄캄한 밤
폭우는 퍼붓는데
타트라 산맥인가
카파시안인지도 몰라
산속 마을
한 줄기 빛
하나 뿐인 가게일까
인형 같은
폴란드 아가씨가
나온다
구미호인가
산중 미녀에 눈이 번쩍,
길을 물으니
손을 들어
저쪽을 가리킨다
그 찰나
그 순간의
폴란드 소녀가

기억에 남았다

길을 잃어도

세상사

얻는 것은 있는 법

상추

젊음은 상추와 같다
솎고 솎아도
내일이면 또 솟는다
여름날이 다 가도록
솟아난다.

마늘

삶이란 마늘의 맛이다
눈물 콧물 쏟아내고서야
맛을 안다
엄동설한을 이겨내고
눈 위에서도 푸르다
맵고 알싸하여
어려서는 맛을 모르고
철들어서야
비로소 그 맛을 안다

담배

담배 농사는 힘들어
삭신이 온통 쑤신다.
담뱃잎만큼 커다란 부모사랑
담배씨만한 자식의 마음
자식 낳아 길러 봐야 알긋제,
담배 밭에서
엄마하고 부르면
절로 눈물이 난다

간장

사랑은 간장이다
국과 반찬에
간장 같은 것이다
없으면 밍밍하다
맛이 없다
세상살이 역시
간이 배어야 제맛이 난다.

판니누나

여섯 살이던가?

대정촌

외갓집에 갔더니

누나가 완두콩을 삶아줬다

콩알이 굵직하니 달았다

착하기만 한 판니누나

얼굴엔 주근깨가 많았다

밤하늘에 별보다 더 많았다

엄마 닮아 그렇다

판니누나 엄마 됐다

아가 얼굴이 하얗다

방실방실 웃는다

누나도 웃는다

삼합

인생은 삼합의 맛이다
군둥내 나는 묵은지
침이 절로 솟는 삶은 돼지고기
삭힌 홍어 한 점
같이 먹어야 나는 맛이다
눈물이 찔끔 나건만
묵은지와 홍어에 씹히는
편육의 맛!
거기에 막걸리 한 잔!
글쎄
내 편육은 누가 훔쳐간 걸까?

쑥갓

어려선 못 먹었다
나이드니 향이 좋았다
풋사랑의 향기
처녀의 머릿결 냄새다
노랑꽃 너무 예쁜데
그 향이 왠지 마음을 들뜨게 한다
뜯으면 뜯을수록
새순은 돋아나고
온갖
잡냄새가 사라진다.

고구마

뒤란에서 먹었다
밥 대신 고구마 먹으며
창피해서
숨어 먹었다
김치 한 가락 쭉 찢어서
얹어 먹었다
고구마 먹으면
능소화 활짝 피던
뒤란이 생각난다
장독대 아래 봉숭아
막 피어난다.

시인

시인은 미나리다
흙탕물일수록
깊이 뿌리를 박고
싱싱히 피어난다.
시인은 수련이다
어두운 펄 속에서
연근을 키우고
하늘을 향해 꽃을 피운다.

냉이

냉이 국을 먹다 엄마 생각이 났다
엄마는 '나숭게'라고 했다
오체투지 납작 엎드린 채
맨살을 드러내고 겨울을 난다.
짧은 봄볕 한 번에 기지개를 켜고
누구보다 먼저 봄을 맞는다.
예쁠 것도 없는 좁쌀 꽃을
가녀린 꽃대 위에 수두룩 피워낸다.
이른 봄 냉이 국에
엄마 냄새를 맡는다.

탱자

바자울이 탱자나무였다
하얗고 작은 탱자 꽃
눈에 띄지 않는다
탱자도 그렇다
아무도 관심주지 않는다
굴뚝새가 살았다
까맣고 작은 새가 가시나무 사이로
재빠르게 다녔다
누구도 침범하지 못하는
안전가옥-
새끼를 키우는 보금자리였다
여름날 잠자리가 앉았다
왕잠자리도 쉬어갔다
꼬리를 잡을 때 팽팽한 긴장감
지금도 찌리릿 전해 온다
늦가을엔 늙은 호박이 주렁주렁 달렸다
내가 살고 싶은 집은
탱자나무로 바자울하고
그 안에 작은 오두막 하나

마당에 개 한 마리
달 보고 짖는 집
뒤뜰에 국화꽃이나 심어 두고
들꽃과 어울려
글이나 쓰면서
일없이 벗이 찾거든
석양이 질 무렵에
평상에 걸터앉아 차나 한 잔
생각 없이 나눌 곳이라

새길

빗방울 흩날리어
유리창에 맺힌 물방울
잠시 머물다 가겠지
언젠가부터
내 안 가득한 미세먼지
씻기우고
가짠은 먹물이 살짝 들어서
가짠은 개똥벌레
드넓은 하늘
아슬아슬 곡예비행을 하며
여름 가는 줄 몰랐구나
간밤에 비바람 몹시 불더니
낙과는 이리저리 뒹구네
강물은 흐르고
구름은 일었다 지고
인생은 잡지의 표지처럼
통속하다거늘
무얼 그리 헤매었는지
길 밖으로 벗어나니

발 가는 곳

모두가 새길.

순천만

겁나게 아름다워 버려라
용산 아래 펼쳐진 장관
갯벌아
갈대숲아
아무런 화장도 없이
넌 어쩌자고 그리 곱다냐
섣달 찬바람에
갈대는 울고
석양은 지는데
흑두루미 둥지 찾아 날아오르네
돌이켜 보노라니
두루마리 휴지처럼 쓰고
또 쓰고
아낌없이 버려진 내 인생
저 펄처럼
질척이며 살았기에
순천만 갯벌처럼 아름다울 수 있을까
그대만
바라보며 살았기에

갈대처럼 고울 수 있을까

시 쓰기

시가 될듯 말듯
될듯 말듯
한 구절 원석을 안아 들고
안절부절
안절부절
세공이 좋아야 보석이라
한 절편이 무슨 소용인가?
삶이란 어울려야 빛이 나고
가락은 이어져야 절창인데
길 떠나는 아이 걱정

소나기 파초를 키우고
태풍 지나야 강이 맑으며
어둠 짙어야 불이 밝다네
나무는 나뭇잎을 걱정하지 않아
아이들아
바람에 날려 가거라
어느 집 창가에
라벤다 향기로 피어나고

또 어느 시골집 뒷마당에

양귀비로 피어나렴

들깨

깻잎을 절여 먹었다
아침도
점심도
저녁도
깻잎은 따도 따도 다음날이면
곧 돋았다
아무데나 잘 자라고
벌레도 안탔다
비오는 날은
들깨기름을 둘러서
부침개도 해 먹었다
엄마는 들깨기름이 더
고소하다 그랬는데
참기름이 훨씬 비쌌다
나도 들깨기름이
맛있다

아지우애드Aziuade 언덕에서

아지우애드
그대의 모습만큼이나
아름답구나, 이 언덕은
아지우애드
그대를 향한
로띠의 사랑만큼이나
서글프구나, 이 언덕은
낮으론 많은 연인들이
너의 동산에 올라
달콤한 사과차를 마시며
사랑을 속삭이네
저어기 열네 살
막 피어나는
귀여운 터키의 소녀들이
하얀 이를 드러내며
웃으며
깔깔거리면
갈라타를 지나온
골든 호른의 물결들이

시샘하여
바람을 일으켜
검은 머리를 나부끼누나
밤으론 죽은 자들이
묘비의 숲에서 일어나
엷은 가로등 그늘 아래
잃어버린 사랑을
찾아
어슬렁거리며 배회하나니
한 번의 눈 맞춤으로
사랑에 빠진
가여운 로띠
내 사랑 아지우애드를
여기 이 언덕에서 밤이면
만나리니
아시아와 유럽이 만나는 이곳
마르마라의 물결이
보스포러스와 골든 호른으로
나뉘는 이곳에

너희 둘은

죽어서야 비로소

사랑으로 피어났구나

산 자와 죽은 자의

경계가 어디 있으랴

죽은 자는 모두 한때는

산자였거늘

이별

밤새 열병을 앓고 난 후
아침에
아무 일 없었다는 듯 툭툭 털고 일어나듯이
어젯밤
들판을 가득 메우던 눈송이가
아침 햇살에 순간 사라지듯이
떠날 때는
뒤돌아보지 말 것,
안녕이라고 말하지 않기,

이층집

그 옛날 소녀가 살던
이층집,
새 아파트가 빙 둘러섰어도
옛 모양 그대로-
달아맨 양철 지붕은 녹이 슬고
담벼락은 얼룩에 낙서투성이
오래된 페인트칠은
이리저리 벗겨지고
가물진 논바닥처럼 갈라졌지만
나를 무시하듯 내려다본다.
소녀는 떠났다
이층집을 떠났고
이승을 떠났다
눈망울이 꼭 닮은 아이를
남겨두고
너를 두고
가고 싶지 않다며
한참을 보았단다
수십 년의 인연이 스쳐간

이 거리에서

나는 본다

가는 것과 오는 것

잠시의 기억과

남아 있는 자의 비애.

중년의 고독

50대는 어때, 마리아?
Oh, terrible!
It's a miserable age.
열정은 식고
피부는 탄력을 잃어가고
젊은이도 늙은이도 아닌 나이
쓰레기통에 버리고 싶어
넌 어때?
그렇게 끔찍하진 않아
늙는 건 운명
직장을 그만둔 지금은
잠시 이방인이 된 느낌이랄까
커피 한 잔을 마시며
우린 중년을 이야기한다.
유럽의 여인에게도
나에게도
50대는 엷은 안갯속에
숨겨진 회색지대
장롱 속에 넣어둔 훈장을 꺼내 달고

익숙한 것과 이별을 시작하는 나이
채워지지 않는 빈 독처럼
얻은 것 없이
지워지지 않는 얼룩처럼
상처만 남긴 채
에고와 성찰의 이중성 속에서 방황하는 나이
신에게로 귀의하는 나이
부엉이는 황혼에 날아오르나
내려앉을 가지가 없어
잊혔던 기억이
그림자처럼 다가오는
그 무엇이던가,
그 무엇이었던가?
잠깐 들렀다 사라져 간 나그네처럼
오래고 오래전
지나치듯이 만났던 얼굴
바로 너였어
비켜 갈 수 없는 건 알아
짧든 길든 돌고 돌아서

언젠가 안녕하고 떠나기 전에

만나야 하는 얼굴

그저 잊고서 지냈을 뿐

너였어

새들은 자라 둥지를 떠나고

익숙했던 장소가 낯선 곳으로 변하고

어제의 동료가 서먹해질 때

삶의 내리막길

아련히 내려다보이는

눈 내리는 저녁 어스름 숲가에

홀로 서서

말없이 너와 마주 하나니

뿌리쳐도

도망쳐도 소용없는 짓

오래전 옛날부터 느끼었듯이

마지막의 동반자

나도 알아

넌

축제의 밤 가로등 불빛 아래서

왁자하니 떠들며
한바탕 웃음으로 맞이하는
그런 친구가 아니야
오월의 싱그런 아침에
미소 지으며
예쁜 리본을 단 보닛 모자를 쓰고
걸어오는
천진한 소녀가 아니야
안개가 스며들듯이
긴-벌판에 눈이 나리듯이
도둑처럼 다가와서
숨통을 끊고
때론 온 세상을 덮어 버리지
눈이 부시도록
하얗고 아름다워도
동정심 없는 냉혈의 여인
눈처럼
쌓이고 쌓여선
홀연히

우지끈 솔가지를 부러뜨리네

나도 알아

피할 수 없는

너하고의 승부가 남아 있는 걸

나의 친구여

나의 오랜 적이여

이 밤도 촛불 하나 밝혀두고

빈 배 저어 가나니

아하!

결국

우린 고독의 깊이만큼 사는 거지

삶의 깊이만큼 고독한 거지

착각

멋드러진 글 한 줄 써보겠다고
든 거 없는 머릿속
꺼낼 게 없음을 한탄하노라
글로써 생계를 이을 것 아니면서
겉멋이 들어
시나브로 글쟁이처럼 굴고
멋드러진 그림 하나 그리겠다고
재조 없는 나의 손
부끄러워 한탄하노라
그림 그려 애들 키울 것 아니면서
겉멋이 들어
시나브로 환쟁이처럼 굴고
멋드러진 인생 살아보겠다고
격이 없는 인간이
남의 눈만 속임을 한탄하노라
제 앞가림도 못하면서
세상 다 관조한 듯
시나브로
시나브로

청춘의 기슭

강한 것이 不可殺
온갖 힘을 써도 끄떡없네.
약한 것은 청춘이라
가시 하나 찔려도 죽어가고
젊은 가슴은 여리고 여리니
평생에 상처 줄 일 아니건마는
달구어진 쇠라서 강한 법
지나간 날은 돌아보지 마라
사노라면 잊혀지고
사노라면 길을 찾나니!

페르시아

아라비안이 아니라
아리안의 피를 이어받은 나라
지금의 이란이라
하늘을 나는 양탄자를
꿈꾸었던 종족
동화의 나라
아라비안나이트의 고향
그리스 페르시아 전쟁
마라톤 전투며 살라미스 해전
당대의 천하를 통일한
다리우스의 아케메네스 제국은
이제 전설 속의 나라
코란
챠도르
호메이니로 상징되는
질식할 것 같은
율법의 나라
중동전
이라크전

대미 강경노선으로
호전적 이미지의 나라
챠도르 속에서
페르시아의 영광은 재현될 것인가
열려라 참깨!

悲歌

출장 와서 반갑다고… 새벽에 골프장 가는 데… 부슬비가 느닷없이 폭우가 되어 종일 오시고… 동무는 떠나고… 나는 외로이 바닷가에 와서… 술 생각에 허기진 배에… 피노 누아 한잔으로 마음의 불을 지핀다. 그 유명하다는 스파이시 레스또랑에서, 스파이시한 아스파라가스 한 조각에 눈물을 찔끔이며… 이 매콤한 맛을 겉모냥이 비슷한 홍콩의 저 시끌짝한 꾸냥들도 즐기는지… 창밖에 빗줄기를 보는 척 훔쳐보다… 갑자기 그대 생각이 났는지 모르겠소… 비 오는 날에 술이 먹고 싶은 건… 너는 모르지만… 슬픈 사람의 눈물이 모여 비로 오기 때문이라… 비 오시는 날 바다로 가고 싶은 건… 그 눈물이 모여 바다로 가는 것이라… 그 눈물이 고인 것이 바다라… 바다가 비에 젖지 않는 것이…

사람아

보이지 않는다고 없는 것은
아니다
가만히 두드려보라

잠들어 있다 해서 죽은 것은
아니다
조용히 귀 기울여보라

드러나지 아니함이 모자란 것은
아니다
천천히 향기를 맡아보라

실패하였다 해서 진 것은
아니다
지그시 그 눈을 보라

생각나는 대로 쓰기

놓아보자.
무언가 이루고 싶었던 것들을 놓아보자.
나를 그냥 허공에 띄워보자.
愛憎의 감정마저 송두리째 놓아 버리자.
무엇이 남는가?
그냥 그대로의 나가 홀로 남을까?
너는 누구인가?

사십을 반쯤 지나가는 중년의 너,
흰머리가 하나둘 늘어만 가는구나!
세상살이 고되다
한소리 깊이 삼키어 휘파람 불고
歸去來兮辭 읊조리며
돌아갈 草家라도 있으면 좋으련마는
또 한껏 생각하면 세상 천지에
이 한 몸 쉴 곳 없으랴.

놓아보자.
나를 그냥 허공에 띄워보자.

백 년을 살아야
삼만 육천 오백일.
창공에 그저
흰 구름 한번 일었다 스러짐이여.
덧없는 길에
아픔과 기쁨, 그리 많아도
가슴을 저미는 건
안타까움!

그마저도
이제 정녕 놓아보자.
민들레 홀씨처럼 가비얍게 가보자.
바람에 기대어 훌훌 날아가 보자.
一切唯心造
무심의 경지야 聖人의 길,
그저 자그마한 慾心과 貪心을 놓아
그저 티끌만 한 傲慢과 자존심을
마구 놓아보자.

가슴 아픈 노래가 있었지
태양은 왜 변함없이 빛나고
파도는 언제나처럼 해변에 밀려오는가?
사랑이 떠나가고
나의 세상은 끝이 났는데.

어제, 또는 오늘
나의 마음을 아프게 하고
나의 믿음을 무너뜨리는
고통이 있다 하여도
놓아보자.
나의 사랑,
나의 성취,
나의 소중한 것들을
놓아 버리자.

순간순간의 애증마저도
강물에 띄워보자.
풍선처럼 두둥실 허공에 띄워보자.

무엇이 되고자
무엇을 얻고자 서두르며
고귀한 품성을 害할까?

삶이란 배워가는 과정이지만,
또한 버려가는 과정이 아니런가?
결국엔
모든 것을 놓아 버리는 순간이
오기 마련이다.
남보다 더 나아가려
世波에 埋沒됨은
나의 길은 아닌 것 같다.

남과 다른 나의 삶을 찾아가는 것,
나의 운명을 받아들이는 것,
나의 운명조차 허공에 놓아버리는
연습이 필요하다.

시대는 성공만을 요구하나,

한명의 성공 신화에

백만의 평범함이 가리워진다.

그래 우리 모두

낭떠러지로 떨어지는 落法연습이 필요해.

天地不仁이라!

黑海

바다는 바다인데
검정바다라.
푸르다 못해 검어서 黑海인가.

크림반도를 품고
六國을 접하고
유럽과 아시아를 잇는다.

도나우강의 終着地
드네스트로강
드네푸르강도 여기가 끝이라.

바다는 바다인데
커다란 호수와 같아
그저 실낱같이
大洋과 이어지네.

보스포러스해협을 거쳐
마르마라海

에게海
地中海로 나아가누나.

그래 鹽分이 낮아
큰 바다고기는 살지를 못해.

上層水는 지중해로 흐르고
底層水는 거꾸로 흐른다네.

오늘
콘스탄차 해변에서
黑海를 만나니.
어릴 적 감회가 새로워

지리부도에서 보던 바다
黑海라고 불리던
그 바다.

밝은 햇살아래

검푸른 해안선은 가없고
해안도로는 그림 같구나.

여름이 오면
카탈리나
테오도라
콘스탄틴
카차

이름도 고운 처녀들이
화사한 웃음을 더하고

탱탱한 가슴을 풀어 젖힌
美女들도 드물지 않아
異邦人은 눈둘 바를 모르네.

로마니안도
불가리안도
생활은 풍요롭지 않아

동유럽에서도
가장 가난하나
꾸밈없고 낙천적일세.

발칸의 험한 자연도
불리한 지리적 위치도
고달픈 역사조차도

이들에게서
소박하고 환한 웃음을
빼앗지는 못하네.

그래 발칸의 장미는
고난과 시련 속에서
더욱 붉고 향기 짙은 것인가.

My Way

나 이제
거침없이 가리라
My Way-

가는 길 험하지만
두렵지 않아

가는 길 외로워도
피하지 않아

언젠가
불꽃처럼 피어나리라

언젠가
들불처럼 타오르리라

내 모든 것
아낌없이 태우리라

그리하여

흔적도 없이 사라지리라

갈테면 가렴

그래
갈테면 가렴

창밖을
스쳐가는 바람처럼

강물에
흘러가는 낙화처럼

갈테면 가는 것

세상에
잡을 수 있는 건 없어

보내야 만나고
잃어야 얻고
비워야 채운다하네

그래

갈테면 가렴

청춘도

사랑도

세월도

봄!

헝가리의 겨울은 몽골의 기병처럼 잔인하여
회색 빛 구름 아래
북구의 바람과 눈과 비만을 남기고
태양과 숲과
살아 숨 쉬는 모든 생물을 살육하였다.

빛을 잃어 버리고
도시와 들은 침묵 속에
기인 어둠의 장막에 갇히다.
지친 육신은 말라 들고 영혼은 방황할 뿐
병이 깊어 이제 모든 것을 놓고 싶을 때

윤사월
노랗게 망울지는 개나리 꽃 눈을 보며
왈칵 눈물이 솟구치다.
심장이 희열에 파르르 떤다.
봄은 비수처럼 다가와
가슴에 깊숙이 박힌다.

돌아온 태양은 부드럽게 내리 쪼이고
짝짓기 새들의 울음소리에 새벽잠을 설치다.
라일락이 살포시 향기를 뿜고
활짝 핀 조생종 체리꽃은
곧 달디 단 체리를 맺으리.

꽃을 바라보며 경이로움에 전율하다.
민들레, 엘레지, 앵초꽃이
깽깽이풀, 애기똥풀하며 백화천초가 함께 일어나
도시와 들과 천지가
아름다운 칼라사진으로 바뀐다.

봄
봄
봄은 용수철.
봄은 솟아나는 것.
눈물도, 샘물도, 마음도 새로이 솟는다.

봄은 생명이다.

봄이 있기에 사계가 있다.
봄이 없는 나라는 철학자를 만들 수 없다.

봄이 없는 인생은 허무다.
봄이 없는 마음은 죽은 마음이다.

늘 바로만 가라는 세상
끝없는 경쟁
변해야만 산다는 구호에 묻혀 살아도

무엇인가
변하지 않고 남아 있어야 할
남아 있어도 좋을
그런 것을 찾아 간직하고 싶다.

부다페스트는
프라하는
변하지 않아서 사람들을 부른다.
백년이고 천년이고 변하지 않는 아름다움을 가지고

변하지 않는 그 무엇을 우리는 가지고 있을까

봄처럼 변하지 않으면서도

생명이며

경이며

끝없는 축복을.

時間 속에서

지나간 時間 속에서
지난 이들의 만남과 기다림은 지나갔다
새로운 時間 속에서
새로운 이들이 만남과 기다림으로 살아갈 것이다
산다는 것은 절반의 기쁨, 절반의 근심.
새로운 기쁨과 슬픔으로
새로운 환희와 절망을 수놓을 것이다

끝없이 우거진 時間의 密林 속에서
지나간 나의 時間은
가벼운 한숨처럼 쉽게 부서지고 버려졌다
자그만
부끄러운 歷史일지도 모른다.
기다림이거나 상처뿐일지라도
흐드러지도록 꽃들이 피어나는 밤이 있었다.
꽃이 되어 함빡 핀 날이 있었다.
가을 잎 닮은 내 가슴은 그날을 그리워한다.

이제 버리고 팽개친 時間들을 바라보며

다가올 時間 속으로 들어간다.

아무런 거리낌 없이 소가 걷듯이 걸어간다.

한가로이 새벽이슬 적시며

오솔 길을 걸어가는 날이 올 것이다

다시 벼이삭이 익어가는 들길을 갈 것이다

내 가슴이 가을하늘 같이 깊어질 것이다

살아 있음으로 흔들릴 것이다

살아 있음으로 그리워할 것이다

걸음이 다하면 침묵 속에 잠들 것이다

길 위에서

길은
끝이 없네

늘 저만치서
오라 하네

아장아장 걷다가
졸래졸래 걷다가

성큼성큼
걸어도 보고
때로는
숨차도록 달려도 봤다

너무 빨리 걸었구나
부르튼 두발아

이제
천천히 걷고 싶다

앞만 보고
걷지는 않으리라

코스모스에
눈인사를 하고

湖水를 만나면
잠시 쉬련다

菩提樹 그늘 아래
땀을 닦고

山을 만나면
그 품에
한 닷새 잠도 자며

걷다가
어드메 쯤 멈추리라
길 위에서

그날에

멀리 간 것이

부끄러워

온 길을

한번 돌아보고

나의

아이들에게

作別을 하리라

샌텐드레Szentendre 강가에서

즐거운 처녀들아
너희는 행복하여라
강둑에 앉아
흘러가는 다뉴브 강물을 바라보며
봄날의 햇살을 즐기는 처녀들아
친구와
연인과
웃으며 깔깔거리며
너희는 마냥 행복하여라
둑 아래 청둥오리는
연신 날개를 퍼덕이며
물장구를 치다가
부리로 날갯죽지를 쪼다가
끼리끼리 모여 와자하니 재잘대누나
나는 너희들이
꽉꽉 거리며 무슨 말을
그리 재미있게 나누는지
궁금해지는구나
랑고시를 사서 한입 베어 문다

다뉴브 강의 푸른 물결 위에
햇살은 눈부시게 아름답구나
은빛 파도 위에 유람선이 떠간다
옛날의 세르비아인들도
이 강물이 좋았나 보다
강물 위에 쏟아지는 햇볕이 좋았나 보다
그래서 가다 말고 여기에 살았나 보다
봄볕을 즐기는
즐거운 처녀들아
너희는 싱싱한 상치처럼 푸르구나
너희에게선 쑥갓의 향기가 난다
버찌의 달콤함이 느껴진다
청둥오리의 꽉꽉 대는 이야기 들으며
즐거운 처녀들의 향기 맡으며
나는 샌텐드레의 강둑 위에서
랑고시를 먹다가
봄 햇살에 슬며시 졸리우누나
길은 하나요
사랑도 하나요

생명도 하나라

무심결에 들리는 소리 있어

고개 들어 보니

햇살만 눈에 가득 찰 뿐

나

소풍 마치는 날도

이러하였으면!

상처에서 빛이!

상처는 빛을 낸다
어두운 밤
불빛 하나 없어도
외과 의사는 상처의
빛으로—
붕대를 감는다

상처는 빛을 낸다
누군가의
도움을 바란다
치료받아야 하기에
상처 스스로--
살펴 줄 이를 찾는다

그대여!
마음속 상처가 있다면
숨기지 마라
살포시 드러내어라
부끄럽지 않아
우린 모두 상처투성이!

생각나는 대로 쓰기

수필

하루살이의 편지

7월 초순 연 사흘 비가 계속 내렸다. 그리고 며칠간 날씨가 푹푹 쪄댔다. 여의도 생태공원의 조그만 개울의 물이 따뜻해졌다. 지하철이 지나가는 소리가 요란한 새벽, 양어깨가 근질거리기 시작하더니 드디어 날개가 돋았다. 비단보다 가늘고 고운 날개가 사뿐히 펼쳐졌다. 두 눈에 눈물이 고였다. 2013년 7월 11일 새벽 5시 44분이다. 첫 비행은 우아하게 시작되었다. 나의 형제자매들도 부지런히 비행을 시작했다. 밝은 불빛을 향하여 우린 훨훨 날아올랐다. 새 삶이 시작된 것이다. 아름다운 세상이 눈 아래로 들어왔다.

"아니, 이른 새벽부터 웬 깔따구 새끼들이 난리야, 재수 없게. 소독을 '쫙'해서 종자를 말려 버려야지. 시청은 뭐하나. 구청은 뭐하고." 새벽을 헤치며 지나가는 행인이 저주와 악담을 퍼부었다. 휙 손을 휘둘러 형제자매 몇 명이 졸지에 비명횡사하였다. 이 무슨 불행이란 말이냐? 주어진 삶을 단 한 시간도 영위하지 못하고, 단발마의 비명과 함께 첫 비행 중에 횡사하다니! 형제자매여 부디 천국에서 영면에 들기를! 갓 태어나 죄 없이 사망하였나니 하나님께서 천국으로 인도하실 지어다. 얼마나 애석한 일인가? 하루살이 삶도 허무하다거늘 시간살이가 되다니! 그것도 깔따구로 오해 받으면서.

저주와 악담도 모자라 태어난 즉시 살해 당해야 할 정도로 우리가 위협적인 존재란 말인가? 가슴에 손을 얹고 생각해 보자. 우리가 너희의 영토를 침범했는가? 먹거리를 빼앗았는가? 너희의 아내와 처녀들을 훔쳐 갔는가? 몹쓸 전염병을 옮겼는가? 너희 아파트 가격이 우리로 해서 폭락을 했더냐? 아님 너희가 이 땅을 통째로 소유하는 것이더냐? 너희에게 사소한 하루 일지라도 우리에게는 평생인 것을! 하나님의 같은 창조물로서 우리의 조상은 너희보다 수 억 년 전부터 이 땅에 살아왔다. 시간차로 보면 우리가 주인 아니더냐?

소녀시대 공연을 밤 새워 가며 기다리는 틴에이저 나타샤, 낮밤 불구하고 스마트폰이 친구인 신정고 홍길동, 큼지막한 루이비통 가방을 옆에 두고 연주암에서 삼천 배를 올리는 아주머니, 북창동 노래방에서 아가씨 젖가슴을 움켜쥐고 블루스에 빠진 무용해 대리, 찌라시에 나온 대로 발표했다는 무성 형님, 저들은 우리가 1급수에서 태어나고 자기들처럼 오염된 환경에서는 살지 못한다는 걸 알기나 할까? 우린 아예 입이 없어 평생 먹지도 마시지도 않으며, 전염을 시키지 않으며, 죽어선 온 몸을 보시하여 고기밥이 되어주는 것을 알까? 또 우리의 유충들이 오염된 강을 정화시켜 주는 걸 알기나 할까?

그럼에도 자외선 전기 덫을 설치하여 모기나 깔따구와 함께 대량 학살을 자행하고, 강력한 살충제를 분사하여 종족의 몰살을 기도한다. 무자비한 화학무기의 사용이다. 이것이 너희들이 비난하는 인종 청소와 무엇이 다른가? 참으로 하루살이 생명조차 위태롭기 그지없는 세상이다. 환경의 파괴야 자기들이 저지른 탓 아닌가? 하루살이가 무엇을 하였는가? 태어나 불빛을 좇은 죄 밖에 없다. 저 학살자들을 국제사법재판소에 대량 학살의 주범으로 기소한들 정의의 심판이 있을 것인가? 힘없는 자의 재판이란 몇 년을 끌다가 결국 무혐의, 증거 없음으로 끝난다. 하나님의 심판은 있는가? 진실로 선은 악을 이길 수 있는가? 우리의 역사에서 그런 일은 한 번도 일어나지 않았다. 인간에게 하루살이와 깔따구가 무슨 차이랴. 날파리, 초파리와 또 무슨 차이랴.

우리는 숱하게 무시당한다. 아무도 인정해주지 않는다. 세상에! 이틀살이도 하루살이를 무시한다. 하루밖에 못 산다고. 생일날이 제삿날인 애들이라고. 칠푼이 팔푼이를 가리켜 하루살이라고? 방탕하고 무모한 녀석을 일컬어 하루살이의 삶을 산다고? 하루살이 저 죽을지 모르고 불속에 뛰어든다고? 모를 것이다. 우리는 하루의 삶을 위하여 물속에서 천 일을 기다린다. 하루살이는 하루를 사는 것이 아니다. 천 일간 단 하루를 기다리는 것이다. 준비하는 것이다. 수십 번의 허물을 벗으며 오직 하루의 빛나는 여행을 위하여! 사춘기 한 번에 비행아가 되는 너희들이 수십 번 허물을 벗는 아픔을 어찌 알겠느냐. 단 하루의 비행을 위하여!

정의가 무엇이냐고? 신이 있느냐고? 선은 무엇이며 악은 또 무어냐고? 아무도 알려주지 않았고, 알려 하지 않는다. 아들아, 아빠는 하루살이다. 그래서 너도 하루살이다. 하루밖에 살 수 없어 하루살이다. 얼굴조차 볼 수 없어 더욱 안타까운 아들아. 세상에 나와 보니 모순투성이라. 알 수 없는 일이 너무 많구나. 현실은 늘 이상과 다른 것인가? 그래, 하루살이 역사 최초로 무언가 네게 남겨주고 싶다. 그래서 아빠는 이 편지를 쓴다.

우리의 삶은 짧지만 강렬하다. 하루의 삶을 수억 년을 이어 왔다. 백년의 삶을 만년을 이어 온 것이, 하루의 삶을 억년을 이어 온 것에 견줄 수 있겠느냐. 어둠 속에서 태어났지만 오직 빛을 그리며 살았고, 웅덩이 속에서 태어났지만 찬란한 불속에서 죽어 갔다. 아빠가 그럴 것이고 아빠의 아빠가 그랬고, 또 아빠의 아빠의 아빠도 그랬다. 선도 악도 정의도, 하나님도 내일이면 사라질 우리에게 무슨 소용이겠느냐. 사치다. 살날이

긴 이들이 만든 것이다. 날개가 있는 것으로 충분하다. 두 날개로 빛을 향하여 날아오를 수 있지 않느냐! 추호의 망설임 없이 우리의 삶을 불사를 수 있지 않느냐. 하루살이가 죽음을 두려워하랴! 우리는 하루살이다. 불을 향하여 나아가고, 빛을 향하여 날아오른다. 찬란한 불빛 속에 비상하여 마지막 춤을 추며 일생을 마친다. 그것은 천 일의 기다림, 그리고 단 하루의 찬란한 비행! 그날에 우리는 먹지도 자지도 않아. 눈이 부시게 날아올라서, 불속에서 몸을 사르며 죽는다. 하루의 사랑을 위하여! 그것이 우리다. 너에게 이 말을 전해주고 싶구나. 아들아. 어두움 속에서 삶을 마치는 것은 우리의 최대의 수치다. 날아올라라 높이. 빛을 향하여! 불꽃 속에서 온몸을 사르는 하루의 삶이 백 년의 삶보다 아름답지 아니한가?

사는 맛 느낄 때

세월이 지나고 나서 그 사람이 옳았다는 것을 깨닫는 때가 있다. 반대편 이들이 득세하고 탄탄대로의 길을 달려간다. 그것이 불만인 사람이 있다. 누군가 말한다. 세상은 그런 것이다. 신문에 난 기사도 부고란 외에는 믿을 수 없다. 각자의 소설을 쓰기 때문이다. 그래서 항상 무언가 의심한다. 사람마다 얼굴이 다르고 하는 짓이 다르고 생각이 다르니 다 나름의 철학이 있겠지. 속살을 훤히 드러내는 것과 같은 창피를 무릅쓰고 개똥이나 보잘 것 없는 글을 쓰고 모아 놓는 것도 나름대로 무언가 하고 싶은 이야기가 있다는 것 아닌가. 단 한 사람의 가슴에 파문이 인다 해도 족히 의미를 찾겠지. 아무도 알아주지 않는 일을 하는 이가 진정한 아름다운 이일 수 있다.

대학을 못나와 불만이다. 지방대 나와서 스트레스를 받는다. 승진이 늦다. 외모가 딸려서 창피하다. 가슴이 작아서, 물건이 작아서 고민이다. 대머리라서 짜증스럽다. 비만이라 죽겠다. S라인 몸매가 소원이다. 돈이 없어 스트레스다. 사람들 앞에서 발표할 때마다 떨려 죽겠다. 노래를 못해 창피하다. 어떤 영국왕은 말더듬이라서 엄청난 스트레스를 받았단다. 나만이 아니다. 자식이 맘대로 안 되니 미치겠다. 남편이, 아내가 기대에 못 미친다. 건강이 좋지 않다. 인정받지 못해 싫다. 그냥 우울하다. 별스런 이유로 별스럽지 않은 이유로 세상의 많은 사람은 괴롭고 우울하다. 항상 무언가 부족한 나에 대하여, 가족에 대하여 불만이고 그래서 짜증스럽다. 이웃도 사회도 대통령도 다 만족스럽지 않다. 각자의 프리즘에 비친 세상은 늘 불만이다.

네이처지가 131억 광년 떨어진 곳에 우주 최고령 은하를 발견하였다 전한다. 1광년은 빛이 1년 가는 거리라는데 130억 광년이라니. 적색편이 측정법으로 허블 망원경에 의해서 발견되었단다. 무슨 말인지 모르겠다. 여하튼 태양계와 같은 소우주가 수천만, 수억 개가 있다한다. 생각하면 인간사 참 별것 아닌 듯하다. 이 넓은 우주에 모래알 정도의 존재? 알게 뭐냐. 그게 무슨 대수라고. 사는 건 현실인데.

어제 한 사람이 죽었다 온 세상이 기뻐한다. 빈 라덴이 죽었단다. 죽어서 기쁜 일이라면 죽어야겠지. 한쪽에서 좋은 일은 다른 쪽에선 아니다. 반대다. 하여간 나는 오늘 캄보디아 출장 간다. 짐 싸는 아내에게 "콘돔도 준비해줘."라고 했다가 직사하게 혼났다. 농담 가지고. 몇 자 적다보니 마구잡이 글이 나온다. 야구로 치면 마구다. 생뚱한 맛은 있지. 무질서 속의 질서가 보기 좋다. 왜 사는지 그런 생각이 한 번씩 찾아온다. 멘스처럼.

분명 내가 처음의 나그네는 아니다. 그러나 내가 가는 길은 항상 처음 가는 길이다. 아스팔트든 자갈길이든, 오롯한 오솔길, 비 내리는 진창길도. 소곤거리며 옹알거리며 낑낑거리기도 하며 사는 날까지 보고 들은 것을 적어 간다. 별것도 별것 아닌 것도, 미운 것도 고운 것도. 늘 고상할 필요 있나. 밥 먹고 똥 누는 건 너나 나나 마찬가지. 한 꺼풀 뒤집으면 어슷비슷 세상살이. 이제 우거진 시간의 숲 속에서 벗어나 듬성듬성한, 끊어졌다 이어지는 듯싶은 시간의 가로수 길을 걷는다. 사는 맛 느낄 때, 그때는 바로 당신이 나를 바라봐 주는 때이다. 당신은요?

내가 사랑하는 시인 백석

백석이 말하길, "시인은 슬픈 사람이다. 세상의 온갖 슬프지 않은 것에 슬퍼할 줄 아는 혼이다. 슬픈 정신이다." 하였는데 그 말을 음미하면서 나를 생각한다. 나는 슬픈 사람인가? 슬퍼할 줄 아는 혼이 있는가? 백석은 남의 슬픔을 헤아릴 줄 아는 사람이 시인이라는 말을 한 것이리라. 짐승이나 풀잎, 생명이 없는 돌멩이 하나도 슬퍼할 줄 아는 동정심과 감수성을 가진 사람이 시인이라는 말일 것이다. 측은지심이 없고 감수성이 없다면 어찌 시를 지을 수 있겠는가? 성경에 시편이 있고, 고린도 전서 13장은 영적인 시의 보배다. 초기 불경인 숫타니파타 역시 시이며, 금강경도 한 편의 긴 대화시다. 이들 시는 또한 노래다. 코란의 예배를 알리는 긴 여운의 가락 역시 분명 시요, 노래라 생각한다. 시는 또한 노래인 것이다. 언어를 닦고 갈아서 운율을 맞춘 것이 시요 그 가락이 노래이다. 먼 옛날, 기록할 수단이 없기에 경전은 대부분 구전을 통하여 전달되고 계승되는데, 전승을 위하여 자연히 시요 노래가 될 수밖에 없는 것이다. 신의 마음이 또한 거기에 녹아 있을 것이니, 최고의 시인은 신이요 창조주 하나님이 아니겠는가? 모든 사람을 어루만져 줄 수 있을 것이기에.

10월 9일 한글날. 달력에는 빨간 표시가 선명하지만 쉬는 날이 아니다. 일찍이 출근하여 오늘 할 일을 준비한다. 오랜 습관이다. 정시보다 한 시간 정도 빨리 출근해서 찬찬히 하루를 준비하면 마음이 편하고, 그날의 일정도 잘 마무리된다. 시간이 나면 책을 펼쳐 본다. 오늘은 시인 백석을 잠깐 꺼내보았는데, "시인은 슬픈 사람이다."라는 상기 구절이 눈에 들어 왔다. 백석은 참 매력 있는 시인이다. 시적 재능을 타고난 사람이다. 시만이 아니다. 어학에 탁월하고 문장력도 출중하다. 본인의 말처럼 슬퍼할 줄 아는 혼이 있고, 감수성이 풍부한 그야말로 천재 시인이다. 식민지 시대를 살아가는 인텔리로서 비애감, 반항 정신, 동포에 대한 안타까움, 거기에 더하여 그의 시는 우리 고유의 토착 언어, 특히 평안도 사투리로 빚어져서 더욱 아름답고 빛이 난다. 오늘을 살면서 70년, 80년 전 식민지 시대를 살다 간 그의 삶과 정신을 보노라면, 지순한 그의 마음에 나 스스로 동화가 되어 마음이 따뜻해진다. 그가 겪은 식민지 지식인의 비애, 소극적 반항, 민족혼의 용틀임 속에서 식민 치하 시대상이 절묘하게 반영된 빼어난 시뿐만이 아니다. 여류 문인들과의 낭만의 연애사, 기생과의 연애담까지 그의 고고한 기품을 보여주는 듯하며 흥미롭기도 하다. 그의 시를 읽노라면 얼마나 마음이 위로 받는가. 나는 보다 풍족하고 자유로운 환경 속에 살면서도 그리하지 못하나니.

나타샤를 사랑은 하고
눈은 푹푹 나리고
나는 혼자 쓸쓸히 앉어 소주를 마신다.
눈은 푹푹 나리고

나는 나타샤를 생각하고
나타샤가 아니올 리 없다

백석의 시, 나와 나타샤와 힌 당나귀를 읽으면 그의 감수성이 잘 나타난다. 함박눈이 푹푹 나리는 겨울밤, 목로주점에서 홀로 소주를 마시며 나타샤를 기다리는 백석. 아니 젊은 날의 나. 지나간 날의 나의 모습이 떠오른다. 추억인가? 아픔인가? 지금은 어떤가? 상상해 보라. 사람이 살아가는 한 사랑 이야기는 끝이 없는 법 - 사랑은 아름다워야 한다. 애틋하고 설레며, 담백해야 한다. 그리워야 한다. 이루어질 수 없어야 한다. 그래야 깊은 감동이 있는 것이다. 백석에게는 무언가 상반되는 미가 있다. 당대의 최고 지성인이며 지식인, 뿐만 아니라 영어며

러시아어, 일본어를 유창하게 구사한다. 당대 자존심 강한 일류의 여류 문인들이 모두 당대 제일로 인정한 시인이며, 서로가 연모한 잘생기고 젠틀한 남자였다. 그러나 그의 시는 화려하고 현란한 언어가 아니다. 질박한 평안도 사투리다. 서민과 하층민의 일상을 서정으로 승화시켜, 투박하게 빛나는 한국의 미를 보여준다. 촌스러운 사투리가 격조 높은 고차원의 시어가 되어서, 여지없이 가슴을 파고든다. 따뜻한 메아리를 깊게 남긴다. 소월과 같으면서 다른 특유의 매력을 한껏 발산한다. 그림처럼 눈앞에 풍광이 파노라마처럼 펼쳐진다.

한때 백석의 시 같은 시를 쓰고 싶었다. 서민의 애환이 어려있고, 슬픈 이의 심금을 울리는, 깊은 질곡 속에서 한 줄기 청아한 빛이 나는 그런 시를 쓰고 싶었다. 세상의 슬프지 않은 것에 슬퍼할 줄 아는 혼을 갖고 싶었다. 슬픔을 껴안을 줄 알고, 그 슬픔을 나눌 수 있는 시인이고 싶었다. 시를 좋아하는 사람으로, 저 깊은 샘 속에서 길어내는 청량한 물맛이 나는 글을 쓰고 싶었다. 닳고 흔해 빠진 상투적인 글의 나열이 아니라 한 줄기 빛으로 다가오는 글, 그런 시 말이다.

"자기 의자는 자기가 만들어야 한다. 내가 앉을 자리를 낮춰 놓으면 거기 밖에 못 앉는다. 스스로 멋있는 의자를 만들어 앉을 수 있어야 한다."고 이길녀 여사는 말한다. 맞는 말이다. 아직도 난 내 의자가 이건지 저 건지 헷갈리고 있다. 여기에 앉으면 아닌 것 같고, 저기에 앉으면 비좁다. 딱 맞지 싶은데 마음이 불편한 의자도 있다. 또 성격상 한 의자에 오래 머물지 못한다. 삶이란 죽는 날까지 계속되며, 선택의 연속이다. 한쪽에선 취하고, 한쪽에서 떠나간다. 이 의자건 저 의자건 한 번 앉았다 하여 영원히 내 자리는 아니다. 다시 새 의자를 찾게 된다. 이러다 장렬히 전사하겠지. 한 의자를 붙잡고 마냥 늘어지기는 싫다. 보다 높은 의자를 끊임없이 찾는다. 치열한 전투 속에서 사라져야지. 나는 늘 양쪽에서 타는 촛불이었으니까!

꿈 이야기

한동안 글쓰기보다 그림을 그리는 데 열중했다. 유화 초보자로 입문하여 그 매력에 빠져든 것이다. 글이나 그림 둘 다 자신의 생각을 표현하며, 개인의 사상이나 철학, 미적 관점의 산물이다. 글과 그림으로 표현하는 차이일 뿐. 글은 보통 직선적이며, 그림은 은근하다. 대상의 선택과 색의 배합, 원근과 음영의 조화를 통해서 미를 추구하고, 다양한 해석을 가능하게 한다. 단순하고 직접적인 전달이 될 수도 있으며, 사실의 재해석, 은유와 상징, 관조의 수단이기도 하다. 글 역시 은유와 상징, 사색과 관조를 갖지만 그림보다 직선적일 수밖에 없다. 글이란 정확한 의사전달이 1차적 목표이기 때문이다. 이렇게도 저렇게도 해석될 수 있는 광의의 의미 속에서, 누구에게도 상처를 남기지 않는 것이 그림이다. 글은 의도하든 아니든 상처를 줄 수 있다. 지난 글 중에 아내와 딸이 묘사된 자신의 모습에 생각보다 민감한 반응을 보였다. 비도덕적, 비양심적 표현이나 크게 상처받을 내용이 아닌데도, 그렇게 느낄 수 있는 것이다. 글 자체가 부메랑이 될 수 있다. 그래서 실명을 거론하기는 참 어렵다. 거기에 비해 그림은 넉넉하다. 작가가 설령 그런 의도를 가지고 그렸을지라도, 속성상 쉽게 드러나지 않으며, 상처를 주지 않는다. 오히려 호의적인 관심을 유발할 수도 있다.

그림이 쉽다는 것이 아니다. 표현과 인식의 차이점이다. 그림의 세계 역시 빠져들수록 끝이 없는 길처럼 보인다. (직업 화가를 꿈꾸는 것이 아닌) 취미 생활로서 심신을 수양하며, 색과 빛의 세상에 몰입하여 시간 가는 줄 모르니, 나이 들며 소일거리요, 큰 위안이 되기도 한다. 글과 그림을 묶어 한권의 책을 내고 싶었다. 전시회도 한번 했으면 했다. 나의 창을 통해서 비춰진 세계에 대한 나 자신의 역사창조다. 무어 그리 거창할 것도 없다. 취미 생활을 통하여 소소한 일상의 즐거움을 하나 더하는 것이다. 완성이 되면 친지와 벗에게 하나씩 선물로 주고, 받는 편에서도 흔쾌히 기뻐할 정도면 되지 않을까? 스케치를 하며, 색과 색을 섞으며, 산과 구름을 그리며, 거친 파도와 흔들리는 조각배를 그리며, 나는 행복하다. 창조주로서 나는 나의 작품 속 하나하나의 구성물이 그 역할을 다하고 빛나기를 바란다. 나의 손끝이 좀 더 집중하여 실수가 없기를 바란다. 실수 잦은 내게 어울리는 그림이 유화가 아닐까? 유화는 언제든 다시 수정할 수 있다. 한 번의 실수가 치명적인 동양화가 인정 없는 그림일 수 있다. 인생은 동양화에 가까운 듯하다. 깜박 한 번의 실수가 일생을 망치기도 하니. 또, 인생은 유화 같기도 하다. 완전히 망가졌어도 새로운 희망은 언제든 있다.

아침 일찍 출근하여 사무실에 앉아서 하루의 일과를 점검하고, 잠시 생각에 잠긴다. 남해의 항구들은 언제 여행하지. 수많은 섬들에는 누가 살고 있을까. 낚싯배를 띄우면 우럭이 나오는지 참돔이 낚이는지. 갓 잡은 생선회는 얼마나 맛이 있을까. 항구의 목로주점에서 소주 한 잔에 갓 구워 낸 생선구이를 먹는 나를 상상하며, 군침을 흘린다. 그 뿐이랴. 홋카이도의 겨울은 어떤지. 아이누 족은 이제 없어졌는지. 테즈메니아 섬에 올리브 나무가 자라는지. 시칠리아의 물빛은 얼마나 푸른지. 애굽 사람들은 그리 호의를 베풀고 결국 이스라엘의 원수가 됐는지. 아프리카에는 얼마나 많은 나라와 종족이 사는지. 그들은 무엇으로 사는지. 나는 캔쿤의 꿈을 꾸고, 빅토리아 폭포의 꿈을 꾼다. 노르웨이의 빙하를 타고, 시베리아 횡단철도를 여행한다. 상트 페테르부르그 네바 강변의 선술집에서 보드카 한 잔을 마신다. 아이슬란드행 비행기 티켓을 끊는다. 발트해의 거친 파도를 보며, 폴란드의 봄이 오는 길을 걷는다. 파미르 고원에 배낭 하나 메고 오르는 꿈을 꾼다. 엑상 프로방스의 해변 마을에서 노을을 바라보며 우수에 젖는다. 알라스카의 밤은 또 어떤가?

나는 여전히 꿈을 꾼다. 조만간 떠나야지. 그 풍경들을 화폭에 담아야지. 그곳에 사는 사람들을 그려봐야지. 아름다운 색과 빛이 어우러진 세상의 마을들, 그곳에서 살아가는 이들의 숨결을 느끼고 싶다. 시어로 담아 두고 싶다. 먼 훗날 우리의 시대는 어떤 시대로 말해질까? 어둠이 내리기 전 나의 길을 가야지. 태어나는 순간 그 이후로 나의 삶은 내리막길을 걸어왔지만, 아직 가야할 길이 남아 있다. 건너야 할 강이 있다. 넘어야 할 산이 있다. 늦기 전에 나의 집을 지어야 한다. 멘탈 하우스다. 탱자나무로 울타리를 하고, 텃밭은 너무 커서는 안 된다. 몇 가지 야채만 길러야지. 작은 황토 오두막이면 족하리. 거기에 너른 창문 하나. 누렁이도 키우자. 죽을 때까지 꾸는 꿈일지 모른다. 이번에는, 이번에는 하다가 늦어지고 또 늦어진다. 죽기 전에 하고 싶은 일을 해야지. 후회 없는 삶을 살아야지. 영원히 꿈을 먹고 사는 소년이여!

산타일기

자, 크리스마스이브다. 아이들 선물을 골라보자. 무엇이 좋을까? 동물애호가들이 내 옷이 가죽이라고 딴죽을 거는데, 당연히 가죽제품 안되지. 세계 도처에서 날마다 테러라, 총기류 금지다. 소음공해라, 이웃 간에 살인나잖나. 소리 나는 것 안 된다. 게임기는 아이들 정신을 잃게 해. 뽀로로인형? 유행 지나지 않았나? 캐나다산 패딩 점퍼? 아휴 비싸라. 사탕은 이 썩는다, 엄마들이 난리다. 야구공? 축구공? 운동하다 다친다. 바비 인형? 그런데 애들 인형이 왜 그리 섹시하냐. 성인용품 같잖나. 이것 안 되고 저것 안 되지 적당히 줄 선물이 없잖나.

무엇이 좋을까. 마누라에게 물었더니, 이크! 일자 눈썹을 치켜뜨며 작년에 갈 때 면세점 들러, 설화수 안티에이징 크림 사오랬더니 안 사왔다고, 바가지일세. 평소에 생일 선물 한번 챙겨줬냐며, 도대체 왜 나한테 묻냐고 짜증만 내잖나. 연방의장 버냉키에게 전화하니, 그냥 돈다발을 쫘악 뿌리라네. 그걸로 재미 좀 봤다고. 아이들도 돈맛을 안다잖나. 돈이면 안 되는게 없다나. 썰전에 김구라는 그깟 걸 왜 걱정하냐고? 아무거나 막 뿌리면 된다고. 3일만 지나면 무엇을 주든 까맣게 잊어버린다나. 한국 사람은 마누라도 한 달 안 보면, 아니 당신 누구세요? 그런다나. 이 친구 말하는 게 좀 뻔뻔스럽잖나. 옆에 대머리는 묻지도 않는데, 3만원 넘으면 위법이라나, 감방간다나.

아휴, 늦겠다. 가자 루돌프야. 겨우 선물 챙겨 가려하니, 썰매 끄는 사슴이 없네. 얼어 죽게 추운 날씨에 어찌 그 무거운 짐을 끄냐고. 온 세상 어린이 선물을 한 대에 다 싣는데, 우리가 무슨 통뼈냐고. 그간 한 번 거르지 않고 성실히 일했는데 땡전 한 푼 준적 있냐고. 우리 신세가 염전 노예보다 나을게 무어냐고, 더는 못 참겠다며 파업한다나. 사슴은 늙어서 땅 파먹고 사냐고. 임금 인상하고 연금제를 수정하라나, 도입하라나. 민영화는 절대 안 된다네. 민영화되면 크리스마스 하루가 아니라 1년 365일 부려 먹을 거라고, 안 속는다고. 루돌프는 본인 허락 없이 반짝이는 자기 코를 광고와 노래에 사용했다고 법원에 소송을 했다나. 손석희의 시선집중에 출연하여 그간의 무단사용료와 체불임금을 다 내놓으라고 인터뷰를 했다나.

어쩔 수 없이 돼지 4마리를 임시로 고용했네. 구정물 4박스 주고. 보기엔 좀 이상해도 이 엄동설한에 어디 갑자기 썰매 끌겠다는 짐승이 있나. 북극 노조 주장이 모든 짐승은 동등하게 대접받을 권리가 있다나. 차별 없이 정규직, 비정규직 철폐하라 하고. 모르겠다. 사슴이고 돼지고 썰매만 잘 끌면 되잖나. 이어도 상공을 지나가려니, 일장기 전투기가 쌩, 오성홍기 전투기가 쌩, 아이휴 놀래라 간 떨어진다. 여기 대한민국 맞아? 방공식별구역이라 미리 신고 안 하면 쏜다나. 죽인다나. 겨우 겨우 죽지 않고 서울 왔네. 돼지 4마리가 끌다보니 운전 미숙으로 지붕 위에 내릴 때마다 동체착륙이다. 아파트 베란다 다 무너진다. 우르르 쿵꽝 집 무너지는 줄 알고 자다가 뛰쳐나와 다들 화들짝 놀래잖나. 파자마 바람으로 허둥대다 도둑이 들었다고 이 집 저 집 신고하는 바람에 경찰서 전화통 불이 났네. 굴뚝에 들어가기도 전에 총 맞아 죽겠다 이거.

시청 앞 광장에 좀 쉬어 가려니 여기도 촛불, 저기도 촛불, 촛불잔치다. 국정원이 댓글부대를 동원해 댓글 달았대. 사드가 중국을 겨냥한 거래. 국민을 개돼지라고 해야 한대. 그래서 촛불을 들었다나 놓았다나. 다행이다, 내 말은 없구나. 댓글 막 달지 마셔. 술 먹고 맘에 있는 얘기 막하지 마셔. 경북이나 강북 사람들은 종북, 종북하지 마셔. 돌연 돼지 멱따는 소리가 들려 고개 들어보니, 도야지가 토실토실 먹음직스럽다고 토종 돼지냐고 이게 그 유명한 망갈리짜냐고 화염방사기 들고 김정은이가 묻는데, 아이 무서워라. 얼릉 가자 돼지야. 돈 몇 푼 아끼려다 명대로 못살겠다. 철도도 파업이라는데 까딱하면 통바베큐 되겠잖나.

정신없이 돌아오는데 카톡 들어오네. 이젠 이런 생활이 싫증나서 못 견디겠다나. 넌 중헌 게 뭔지도 모른다고. 미래가 없어서 못 산다나. 365일 북극에서 꼼짝도 못하고, 너만 해마다 썰매타고 외출하는 것이 옳으냐고. 한 번이라도 데려간 적 있냐고? 같이 가자고 한 적이나 있냐고. 독재 산타, 불통 산타라고 황혼이혼을 선언하고 떠나겠다나. 제기랄! 마누라가 미쳤나? 와이카노 마누라. 당신 없이 내가 못 살잖나. 국민만 아니 당신만 보고 살 거라고. 불통이든 꼴통이든 다 치삐라. 우봉우, 내가 지켜줄게!

행복하게 늙어가기

늙는 걸 좋아하는 사람은 별로 없겠지. 그렇다 한들 피할 수 있는 것도 아니다. 삶에는 명암이 있다. 애환이라고 해도 좋다. 누군들 예외가 있겠는가? 세월 따라 나이 들며 생기는 나이테 같은 것이다. 겉으로는 완전체로 보일지라도 한 발자국 안으로 들어가면 숨겨진 파란만장의 삶의 기록이 있다. 젊어서 천방지축, 좌충우돌하면서 청춘의 솟는 힘과 열정으로 산다 해도, 사노라면 기쁜 일도 종종 있으되 갈등, 불행, 그리고 외로움과 고독이 찾아온다. 편차야 있겠지만 시간의 문제다.

사십이 넘으면 남자는 자기 얼굴에 책임을 져야한다. 링컨의 말이다. 어느 날 링컨이 유능한 비서를 찾고 있다는 소식을 듣고, 측근이 한 사람을 추천했다. 유능할 뿐 아니라 여러 면에서 손색이 없는 사람이었다. 그런데 인상이 좋지 않다는 이유로 링컨은 채용하지 않았다. 그 소식을 전해 듣고 측근이 항의했다. "얼굴은 본인의 책임이 아니지 않습니까?" 링컨은 일축했다. "사십을 지난 남자는 자신의 얼굴에 책임을 져야한다." 말인즉 그렇지만 사실 쉬운 일은 아니다. 요즘이야 사십은 한창의 나이고 오십이 되어야 인생의 신산을 맛볼까? 사십이든 오십이든 현대를 사는 생활인으로 항상 품위를 지키며, 정도에서서 진창에 빠지지 않고, 곧고 바르게 살기란 참 어렵다. 도덕적, 경제적, 계급적 갈등 구조 속에서 생계, 출세 또는 가족의 미래를 위하여 인내하고 굴욕을 참거나 견뎌나가는 이가 태반이리라.

링컨의 말은 자신이 쌓아 온 인격이 얼굴에 그대로 나타난다는 거다. 내면의 얼굴이 외면에 그대로 반영된다는 거다. 어쩜 얼굴은 세상을 바라보는 눈, 마음의 창인가 보다. 마음이 평화롭고 행복하면 얼굴이 그러하고, 삐뚤어지고 상처받거나 원한 맺힌 마음 역시 얼굴에 드러난다. 무언가 쫓기는 이는 그 초조한 마음이 얼굴에 보인다. 신병훈련소에서 자대 배치를 받아가던 젊은 날의 나의 사진을 보니 웃음이 나온다. 한마디로 바짝 쫄아 있다. 그 모습에 당시의 심정이 그대로 투영된다. 마음의 창이 얼굴이기에 그럴 것이다. 갈대와 같은 우리는 매일, 매시, 매분 감정의 기복을 겪는다. 어제만 하여도 가을 하늘처럼 청명하고 깊은 산골의 산정 호수처럼 맑았던 마음이 오늘은 비구름 속에 어두워지고, 폭풍우처럼 사나워지는 것이 다반사다.

질풍노도와 같은 청년기를 지나고 오십을 지나며 어지간한 갈등이나 인간사에는 그럭저럭 단련되었지만, 외로움과 고독이라는 손님은 더 자주 찾아오게 된다. 가을 달빛 아래 긴 그림자 드리우듯 불쑥불쑥 노년의 침실을 노크한다. 직장을 퇴직

하거나 자식들이 출가하여 떠나면 특히나 빈 들판에 홀로 남겨지는 것 같다. 쓸쓸함이 찾아오고 외로움이 사무칠 때가 있다. 때로는 배우자, 자식, 친구가 한마디 거친 말로 상처를 주기도 한다. 그러다보면 일상의 관계 속에서 자신감을 잃고 움츠러든다. 늙어가는 것 자체가 스트레스다. 이런저런 일로 생긴 마음의 상처, 아무도 챙겨주지 않는 외로움, 대접받지 못하는 백수, 무능력자라는 소외감, 자괴감. 이런저런 사유로 삶의 동력을 상실한다. 그러면 모든 것이 무의미해지고 우울증에 시달리게 된다. 조그만 말도 상처가 되고, 칼보다도 날카롭게 사람을 벤다.

호주의 호스피스, 브라우니Brownnie Ware가 임종 직전의 환자를 보살피며, 죽기 전 이들이 들려준 이야기 중 가장 후회하는 다섯 가지라고 꼽은 것이다.

첫째, 내가 원하는 삶을 살았다면

둘째, 열심히 일만 하지 말 것을

셋째, 할 말하며 살 것을

넷째, 벗들과 잘 지낼 것을

다섯째, 나 자신을 좀 더 행복하게 해줄 것을

익명에 익숙한 현대 도시인의 삶, 익명에 숨기를 원하지만 또 외로움에 어쩔 수 없이 울타리가 되어 줄 가족과 벗이 필요한 길들지 않는 도시의 야수들이 인간이다. 우리다. 사는 것은 힘이 든다. 생명 활동은 모든 생명 가진 것, 미물에게도 힘이 든다. 조금만 자세히 보라. 시인의 말처럼 흔들리지 않고 피는 꽃은 없다. 사람은 친구도 필요하고, 취미도 필요하다. 종교도 필요하고, 돈도 필요하다. 혼자서 행복하기 어렵다. 지나간 날은 일견 행복했던 것 같아 보이지만, 그 순간에 아마 행복하다고 생각하지 않았을 것이다. 지금 이 순간도 지나고 나면 행복한 순간으로 기억될지 모른다. 행복에는 노력이 필요하다. 특히 늙어가며 행복하려면 노력이 필요하다. 종종 친구나 가족의 안부를 묻고, 어울리며, 취미 생활을 위하여 투자해야 한다. 때로는 잘난 체 하는 걸로 인식될 수도 있다. 그런 단계가 지나가야 한다. 시간과 돈을 들여서 배워야 한다. 개척해야 한다. 어떤 놀이든 취미든 배워야 재미를 느낀다. 개척해야 한다. 의지가 되어야 한다. 말벗이 필요하다. 동반자가 아니라 남겨진 시간을 공유할 사람이다. 대화할 상대를 찾는 것이다. 좋은 말을 해줄 수 있는 누군가를 계속 찾는 여행이다. 좋은 말을 듣고자 하는 것이 아니다. 내가 좋은 말을 해 줄 사람을 찾는 거다. 내가 밥을 사고 술을 사줄 사람을 찾는 거다. 시간을 보낼 취미를 찾아야 한다. 그것이 행복하게 늙어가는 길이다.

주례사

준구야, 너를 보니 내 아들 해용이가 생각난다. 부디 행복하게 잘 살아라. 이것이 오늘 제가 신랑에게 주고 싶은 모든 말입니다. 주례가 하고 싶은 말은 다했습니다만, 국제결혼인 관계로 신부 측에서 실망할까 싶어 조금 더하겠습니다.

저는 신랑 강준구 군과 중학교 이래로 절친한 친구인 정해용의 아비입니다. 두 아이가 우정을 키워가는 모습을 오랜 세월 지켜보았습니다. 부모로서 아이들의 우정을 할 수 있는 한 보이지 않게 도우려 했으며, 앞으로도 그럴 생각입니다. 왜냐하면 자식이 좋은 친구를 사귀는 것이 부모의 바람인데, 여기 신랑 강준구 군은 참으로 순박하고 예의 바른 훌륭한 젊은이기 때문입니다. 중학교 이래 늘 우등생이었고, 어머님 말씀에 척척 순종하는 보기 드문 착한 심성을 지녔습니다. 덕분에 대학을 마치고 바로 좋은 직장에 취직하고, 결혼을 하니 이 얼마나 흐뭇한 일인가요. 오늘 부족한 제가 이 자리에 서게 된 것은 신랑의 모친께서 간곡히 청한 것도 있으나, 우리 아들이 이런 좋은 친구를 두었는데, 주례로서 제가 덕담을 해주는 것이 아이들의 우정에도 좋으리라 생각했기 때문입니다. 주례는 평생 기억하지 않습니까?

참으로 오늘 신부는 아름답고 신랑은 멋있군요! 그렇지요?

전도양양한 두 젊은이의 새 출발을 축하하며, 인생의 선배로서 짧은 당부의 말씀을 하고자 합니다. 준구야, 결혼을 진심으로 축하한다. 엄마 아빠가 얼마나 기쁘시겠니. 자 이제 몇 마디 부탁의 말을 하니, 잘 새겨서 들어다오.

첫째, 앞으로 아내의 말을 잘 들어야 한다. 엄마가 아니다.

그것이 결혼하는 네게 주는 첫 번째 팁이다. 쉽게 설명하면 내가 오늘날 보다 나은 윤택한 삶을 누릴 수 있었음에도 이 모양 이 꼴인 것은 다 아내의 말을 잘 듣지 않아서다. 아마 네 아버님도 같은 생각이실 거다.

둘째, 부모님께 효도해라.

결혼식 날 강요하는 것 같다만 언제 이런 기회가 있겠니? 효도라 해서 무어 그리 거창한 것은 아니다. 매일 엄마 아빠에게 한 번쯤 안부를 전하면 된다. 매일이 어렵거든 2, 3일에 한 번도 좋다. 소셜미디어가 발달된 요즘 그리 어려운 일이 아니다. 부모가 가장 행복한 때는 자식들과 소통하는 시간이란다. 물론 네가 매월 용돈을 잊지 않고 챙겨준다면 더욱 좋은 일이다.

셋째, 부부가 싸워도 같은 방, 같은 침대에서 자거라.

첫눈에 반하는 것, 불같은 사랑은 순간적인 열정이고, 그 열정은 언젠가는 식게 되어 있다. 평생 사랑을 지속해가기 위해서는 설령 다툼이 있더라도-살다보면 많이 싸우게 된다- 같은 침대를 쓰게 되면 결국 저절로 화해하게 되더라.

준구야, 하객 여러분을 모시고 결혼식을 올리는 이 성스러운 자리에서 주례로서 내가 부탁한 이 세 가지를 지켜줄 수 있겠니? 우렁차고 큰 목소리로 신랑이 약속해 주었습니다. 하객 모두가 증인이 될 것입니다.

이제 신부의 차례입니다. 국제결혼이다 보니 신부 측 하객을 위하여 짧은 영어로 몇 마디 하겠습니다. 이 아름다운 신부의 이름은 마리아 스미스입니다.

It's your turn, Maria. I will give a short speech in English for you, a beautiful bride.

My dear, lovely bride. It's a great honor for me to give some advice at this honorable ceremony. I recommend you to follow this advice for a happy marriage. Don't get me wrong, this is not just the Korea way. It's universally good advice. There's work and there's your life's work. Definitely, wedding' s the latter. For that, Maria, I ask of you to follow 3 things today for your future married life.

First, try to listen to your husband's opinion.

Please respect him and try to avoid unnecessary conflict. I think you understand what I want to say. I've heard you are so clever and well-rounded in personality. Is it true?

Second, please be a good daughter to your parents.

Respect your parents on both sides, not one side. Drop a line by e-mail, call on the phone, or even message on kakao talk-at least every 3days. No excuses.

Third, sleep together in the bed-room, even after a fight. Life is a long, long journey. It's not a short business trip. Sometimes you are walking through a beautiful rose garden, but sometimes you are lost in the desert or facing huge waves in the ocean. Such is life. Go through it together! Come together! When you sleep together, "please buy a king-size big bed", as time goes by, finally you will reach harmony. In addition, you will have more pretty babies.

Would you please accept and follow these 3 things, Maria? Do you promise and agree? Okay. She agreed. Deal's done. We all love you, but much more important is that we are so happy for you. We are so happy because of you. I wish you a happy, prosperous marriage in the name of God! God bless you!

오늘 이 자리에 참석해 주신 하객 여러분께 다시 한 번 감사의 말씀을 드립니다. 항상 건강하시고 행복하시길 빕니다. 감사합니다.

芭蕉 詩를 쓰다

어릴 적 아버지의 정원에 파초가 자랐다. 파초를 좋아하신 아버지가 정원에 심고 키우신 것이다. 파초는 일단 더위가 시작되면 엄청 빨리 자란다. 커다란 잎은 위 잎이 나오기 바쁘게 아래 잎이 쑥쑥 밀고 올라와 몇 자나 되는 잎줄기가 여기저기 쭈욱 하늘로 벋어났다. 氣勢騰騰 자라나서 순식간에 하늘을 덮는데, 그 수려하고 우람한 자태는 백 년 노송이 무색할 지경이다. 그래 한여름 느닷없이 소나기라도 내릴 양이면 아이들은 커다란 파초 잎으로 비를 가리기도 했다. 파초 그늘 아래 있노라면 후두둑 후두둑 커다란 잎에 빗방울 듣는 소리가 상쾌했고, 비갠 후 파초 잎새 위로 구슬 같은 물방울이 굴러 내리면 도로롱! 소리가 절로 들리는 것 같았다.

누나는 파초를 바나나 나무라고 했다. 파초가 크게 자라나면 바나나가 열린다고 했다. 그 시절 바나나는 부잣집에서도 먹기 어려운 귀한 과일이어서, 여름이 오면 나는 파초 나무에 바나나가 열리길 간절히 고대했다. 그러나 간절한 기대는 항상 희망 사항일 뿐이었다. 찬바람이 불면 힘겹게 버티던 길고 커다란 파초 잎은 한 잎 두 잎 꺾어졌다. 파초는 조락의 겨울을 겪어야했다. 서리가 내리기 시작할 무렵이면 부친께서는 가마니와 볏짚으로 파초를 두텁게 덮고 감싸서 추위에 얼지 않도록 꼭꼭 겨울 채비를 하셨다. 겨울이 가고 다시 여름이 오면 파초는 旭日昇天의 기세로 자라났다. 그러나 다음 해도 또 다음 해에도 추위가 닥치면 힘없이 쓰러졌다. 기다리다 지친 나는 아 파초는 우리나라에선 바나나를 맺지 못하는구나. 귤이 회수를 건너면 탱자가 되듯 고향을 떠난 파초는 겨울이 있는 나라에선 열매를 맺지 못하는 불임의 여인이라 생각했다.

그러던 어느 해 몹시도 무더웠던 여름 어느 날, 꿈인 양 생시인 양 파초 높은 가지에 애호박만한 덩어리가 쇠불알처럼 늘어져 연꽃잎 벌어지듯 열리며 노란 꽃술이 장식처럼 달린 파초의 꽃이 맺혔을 때, 나의 가슴은 두근두근, 마음속 좋아하는 계집애를 보는 사춘기 소년처럼 떨리었다. 강한 생명력으로 파초는 드디어 꽃을 피워낸 것이다. 바나나 꽃이 이렇게 피는구나! 신기했다. 파초 역시 기쁨에 겨워 속으로 울고 있었는지 모른다. 그날 밤 파초의 꿈을 꾸었는데, 파초 나무 꼭대기에 올라가 노랗게 영근 바나나를 실컷 따먹는 꿈이었다.

나이 들어 출장길이며 여행길에 아열대 지역이나 열대지방의 바나나를 많이 보았다. 모두가 어릴 적 정원의 파초보다 두어 배는 됨직한 크고 우람한 것들이었다. 바나나 송이도 몇 개씩 늘어뜨린 세 좋은, 어느 모로 보나 풀이 아닌 굵직한 나무들이었다. 풍토가 맞는 원산지니 당연한 일일 것이다. 그러나 어디에서고 흔한 바나나는 본고장에선 우리처럼 대접을 받지 못하는 듯싶었다. 귀하지 않으니 그럴 것이요 애절함이 없어 그럴 것이다. 사실 우리 선조님들의 파초에 대한 사랑도 무엇보다 고향을 떠났다는 애절함이 반영된 것 아닐까. 정조대왕의 芭蕉圖, 단원 김홍도의 파초 그림, 이태준의 수필 파초, 그리고 이육사나 김동명의 詩 역시 다 그런 정감이 어려 있지 않나 생각한다. 나이 드신 분들은 기억하겠지만 60년대 가수 문정선이 히트시킨 파초의 꿈이란 노래도 있다. 파초의 푸른 꿈이라? 무엇일까 파초의 꿈은. 노래 가사처럼 언젠가 땅을 딛고 일어서는 것이 파초의 푸른 꿈일까? 온갖 시련을 극복하고 꽃을 피우고 열매를 맺는 것, 인간사로 보자면 입신양명 하는 것이 파초의 꿈일까? 파초 시 중에 白眉는 아마 김동명의 詩일 것이다. 말이 필요 없는 유명한 시다. 남국 고향을 향한 불타는 향수로 소낙비를 그리는 정열의 여인, 파초! 수녀보다도 더욱 외로운 넋을 가진, 파초! 마디 하나 없는 풀로써 이렇게 크는 것이 있는가? 풀이나 나무가 이렇게 커다란 잎을 가졌는가? 파초는 외양상 풀이라기보다 나무라 할 것이다. 시원하게 크는 속도나 여름의 태양을 가릴 듯한 울창한 기세, 넉넉한 푸르름, 그리고

異國的인 풍모와 고향을 떠나 혹독한 시련 속에서 굴하지 않고 꿋꿋이 살아가는 생명력, 그 애절함, 이런 요소들이 詩人墨客들이 파초를 사랑하는 이유이지 싶다.

나 역시 파초를 사랑한다. 우선 그 시원한 모습이 좋다. 쑥쑥 자라나는 생명력이 장관이다. 한여름 더위에 森羅萬象이 녹초가 되어도 태양의 열기와 소낙비를 먹고 자라 도도히 세상을 덮을 듯한 그 기세가 좋다. 그리고는 겨울의 추위에 속절없이 쓰러진다. 커다란 덩치에 어울리지 않게 허무하게 꺾이고 만다. 비겁하지 않다. 무릇 생명 가진 것이 장렬히 최후를 맞는 아름다움이 이런 것 아니겠는가?

작은 꽃이 꽃잎을 떨구며 뒤안길로 조용히 사라지는 모습은 잔잔한 아름다움을 준다. 모차르트 피아노협주곡 21번 2악장의 선율 속에서 한방의 총성이 울리고, 나비를 쫓는 엘비라 마디간이 쓰러지는 모습은 가슴 시리는 슬픈 아름다움의 정수를 보여 준다. 그러나 큰 덩치로 꽃잎 한번 마음껏 피워보지 못하고 겨울이 오면 쓰러지는 파초의 모습은 장엄한 아름다움을 주지 아니한가?

無面渡江이라! 항우가 垓下에서 패한 후 烏江에서 자결하지 않고 구차하게 江東으로 도주했다면 그 이름이 후세에 그토록 강하게 각인되었겠는가? 구차한 변명이 너무 많은 세상에 장렬히 전사하는 비장한 모습은 아름답지 아니한가. 나는 생각한다. 파초의 꿈은 꽃을 피우지 못하더라도 비겁하지 않게 사는 것 아닐까. 당당하게 살다 장렬하게 사라지는 것 아닐까. 한여름 무더위 속에 씩씩하게 벋어나는 파초를 바라보며 홍에 겨워 파초 詩를 읊는다.

芭蕉

우물 옆 정원에 푸르던 잎새
그늘 아래 놀던 어린 시절 그리워

芭蕉扇을 하나 사서 부치나니
芭蕉바람 불어온다

세상에 거칠 것이 그 무엇이랴
芭蕉처럼 살아온 한평생

여름엔 들불처럼 피어나 누리를 덮고
겨울이 오면 소리 없이 사라지리

중국을 가다 1

北京의 하늘 위에서

항공기 창밖으로 펼쳐지는 대평원, 소위 여기가 중국의 심장부 중원이 아닌가?

숱한 무림의 영웅호걸들이 이 땅을 무대로 천하제일 검이 되고자 비무를 겨루고 지모를 경쟁하던 곳.

어느 날 갑자기 평화스런 일가에 정체모를 복면인들이 침입하여 부모와 가솔을 모조리 살육한다. 철부지 어린 아이 하나가 천행으로 목숨을 건지나, 천애고아가 되어 세상의 온갖 고초를 겪는다. 그러다 우연히 만고의 영약을 복용하고, 은거중인 절세고수를 만나 무림절학을 터득하여 부모의 원수를 찾아 무림에 나선다. 일지를 들어 찍으면 엄청난 내공강기로 천근바위가 산산이 부서지는 금강지, 눈 위를 흔적조차 남기지 않고 달리는 답설무흔의 경공술, 검을 한번 들었다 하면 하늘이 쪼개지고 땅이 갈라지는 파천검법.

그 뿐인가? 소림 칠십이종의 달마검법에 항마신공, 무당, 아미, 화산, 공동파, 사대세가의 비전무예와 개방의 타구신공, 녹림의 이름 모를 각종 절기가 화려하게 펼쳐지던 무대. 청년서생은 무림을 일도하며 철천지원을 갚고, 뿌리 깊은 사·마세력을 일소하여 드디어 무림제일영웅으로 탄생한다!

정협지, 군협지로 시작되어 영웅문에 이르기까지 광대한 중국 대륙을 무대로 펼쳐지던 기인·이사들의 무림천하, 공부는 팽개친 채 밤새워 읽던 무협소설의 무대, 그 한복판 중원에 온 것이다.

역사로 돌아가 보자.

항우와 유방, 유비와 관우, 장비, 조조, 손권이 저 대륙을 두고 자웅을 겨루었고, 상산의 조자룡은 창 한 자루로 조조의 백만대군을 휘저었다. 백만 명의 대군이 제갈량에 의해 적벽에서 몰사하였다. 춘추시대 제환공의 주방장 이아는 환공의 식도락을 위하여 자신의 어린 아들을 삶아 바쳤다. 공자가 나고, 맹자가 나고, 노자와 장자에 의해 동양사상의 틀이 만들어졌다. 진시황제는 중국을 통일하여 만리장성을 쌓았고, 아방궁을 지었다. 징기스칸이 초원에서 일어나 저곳을 정복하고, 역사상 유례없는 대제국을 건설하였다. 모택동은 대장정을 거치며 중화인민공화국을 세웠고, 문화혁명 기간 3천만 명의 중국인이 죽어갔다. 도대체가 이 나라에선 우리가 상상 가능한, 아니 상상치도 못할 일들이 있어 왔다.

소설이 사실 같고 사실이 소설 같은, 진실과 상상의 극이 서로 만나는 곳. 드넓은 평지, 산하나 보이지 않는 저 넓은 평원이 바로 그 역사와 소설의 둥지인 대륙의 심장부 중원, 내 눈에 그 땅은 다소 척박하고 황량한 모습을 드러내고 있었다.

紫禁城에서

1989년 발생한 천안문사태는 TV로 집중 보도되어 우리에게 매우 생생하다. 탱크 앞에 맞선 젊은이의 처절한 투쟁, 그 배경이 된 붉은 지붕의 천안문. 천안문은 자금성의 제일 외문이다. 천안문을 들어서면서야 그걸 알았다. 자금성紫禁城, 붉을 紫, 금할 禁, 붉은 색의 출입이 금지된 성(영어 번역: Forbidden City, 참 멋진 번역이다), 즉 황제의 거처를 이른다. 붉은 색은 오직 황제만이 쓸 수 있는 색. 천안문을 지나면서 보니 성벽의 두께가 우리보다 훨씬 두껍다. 족히 10m는 될 것 같다. 백여 미터를 걸어가니 다시 태화문이 나오는데 이 역시 성벽이 천안문처럼 두텁다. 태화문을 지나 태화 전까지는 200여 미터 되어 보이는데 10여 미터 높이의 성채로 쌓여 있었다. 성루 역시 매우 높아 10 m는 실해 보인다. 전쟁이나 반란군 진압을 위한 출병이 있을 때 황제가 저 성루에서 마지막 배웅을 한다고 한다. 그 모습이 마치 벤허에 나오는 전차경기장을 생각게 했다. 황제의 거처이니만큼 자금성은 겹겹으로 성채와 성루에 의해 둘러싸여 누구에게도 접근을 허용치 않을 듯 그 웅장함을 뽐내고 있었다. 중화전, 보화전, 건청문을 지나서야 건청궁이 나오고 곤정궁이 나왔다. 이렇게 거대하나 나무 한그루 없는 성루와 성채의 긴 터널을 지나서야 황제를 알현하였으리라. 성채 마다마다에 황궁 호위무사들이 눈을 부릅뜨고 기립하여 서 있었을 것이니, 주변 속국들의 신하가 황제를 배알코자 자금성에 들면 절로 기가 죽을 수밖에 없었을 것이다.

자금성의 상주인구가 10만 명이었다 하니 그야말로 성채로 된 하나의 도시다. 경복궁을 20배, 30배로 확대한 규모로 생각하면 가히 짐작이 될 것 같다. 자금성은 물론, 대부분의 중국 관광명소가 입구와 출구가 다르다. 그 커다란 규모로 해서 다시 입구로 돌아가는 것이 곤란하기 때문이다.

우습게 들리겠지만 자금성에는 화장실이 없었다 한다. 인구 10만의 배설물은 도대체 어떻게 처치하였을까? 우리의 오강단지를 생각하면 된다. 오강과 흡사한 옹기단지를 사용해서 배설물을 처리하였다 한다. 매일매일 배설물 용기를 밖으로 내보내면, 아침마다 성 밖에 운반하는 마차가 와서 수거해 갔다니 그것만도 보통 일이 아닐 것 같다. 지금도 도시 변두리 서민지역에선 옹기단지를 이용하여 배설물을 처리한다고 한다. 상해 방문 시 배설용 용기가 문밖에 놓여 있는 것을 직접 볼 수 있었다.

또한, 겨울엔 그 넓은 궁궐의 난방은 어떻게 해결하였을까? 숯불이다.

자금성에 숯을 공급하는 전담 관청이 있어서 그 엄청난 수요를 관리하였다 하니 대단한 역사였음에 틀림없었을 것이다.

북경을 돌아보면서 한 가지 의문이 있었다.

해가 활짝 뜨는 날이 드물 정도로 북경의 날씨는 늘 구름이나 먼지에 가리워져 있다. 봄의 황사는 물론이거니와 평상시에도 공기가 다소 혼탁하여 먼지가 끼어 있는 느낌이었다. 더구나 여름이면 덥고, 겨울이면 몹시 춥다. 위도 상 서울과 비슷하지만 습도 때문에 더위나 추위가 서울보다 훨씬 심하다. 물도 부족하다. 연간 강수량이 600㎜에 그치어 물 자체가 몹시 귀하다. 게다가 북으로 2-3시간(버스)이면 만리장성(팔달령)이 나온다. 북쪽에서 만리장성을 넘으면 곧장 수도 북경인 것이다. 군사 방어 목적상 좋을 리가 없을 것이다.

왜 이곳이 수도가 되었는가?

명의 3대 황제 영락제가 1420년 이 곳을 수도로 정하고, 자금성을 세웠다. 영락제는 태조 홍무제의 4째 아들로 북경의 燕王

으로 봉해졌으나 홍무제가 죽은 뒤 적손인 건문제가 즉위하자, 건문제를 패사시키고 제위에 오른 후, 도읍을 북경으로 옮겨 북방경영에 주력하였다. 후일 청이 건국되면서 북경이 자신들의 본토와 기후가 풍토가 맞았고, 북방이 본래 자신들의 영역이기 때문에 북방 오랑캐의 침입은 전혀 걱정할 문제가 아니었다. 거슬러 가자면, 요나라가 이곳을 남경이라 부르고, 금나라가 연경으로 불렀으며, 몽골족 지배시 이곳에 신성을 건설하고 쿠빌라이가 국도로 정하여 大都라고 불렀다 한다.

만리장성을 걸으며

"동주형, 만리장성을 쌓은 시황제는 중국에 은인 아닌가? 비록 당시에는 수많은 백성들이 노역으로 죽고, 진나라 멸망의 원인이 되었다지만 말에요?"

"그러게 말이야, 이 많은 관광객들을 좀 봐! 하루에 20만 명 정도가 온다는 군. 입장료가 1인당 40위안 이니까 원화로 6,400원, 이십만 명이면 12억 8천만 원, 1년이면 4천 672억 원이야." "입장료 수입만인가요. 밥 먹어야지, 자야지, 물건도 사가지 아마 그 부수효과는 몇 배가 넘겠지요. 자금성도 비슷한 규모의 관광객이 온다하니 관광수입만 갖고도 웬만한 성 하나는 넉넉히 먹여 살리겠어요."

"만리장성이야 닳아 없어지는 것도 아니고, 부도날 일도 없는 초우량 기업이지."

"인류가 존재하는 한 두고두고 최고의 관광 상품이 되어 몇백 년, 몇 천 년 엄청난 돈벌이가 되니 참으로 진시황제는 후손들의 위대한 은인이 되는 거죠."

"역사의 아이러니랄까? 시황제가 미래의 관광수입을 계산해서 장성을 구축했을 리는 만무했을 테고, 장성노역에 동원되어 죽은 원혼들이 이 돌 하나하나에 새겨 있을 텐데 이 많은 관광객을 보면 원혼들도 다소 위로는 되겠지."

"그런데 우리 속담에 하룻밤을 자도 만리장성을 쌓으라는 말이 있는데 이는 연인사이에 하룻밤 풋사랑이라도 만리장성처럼 길고 도타운 정을 쌓으란 말로 우린 생각하잖아요."

"그렇지."

"그 말을 다르게도 해석하던데요."

"……?"

"이 장성을 쌓는데 얼마나 많은 인원과 노력이 소요되었겠어요. 그래 하룻밤을 자더라도 그냥 지나치지 말고 장성에 돌 하나라도 얹어 놓아라, 그런 뜻이랍니다. 즉 장성을 쌓는 데 조금

이라도 도움이 되라는 말이죠. 사실 우리의 일반적 해석이 다소 감상적이고 로맨틱하지만 이 장성을 보니까 그 말이 맞는 것 같습니다. 정말 얼마나 피눈물 나는 고역이었겠습니까? 끝도 없는 성 쌓기에 하루 밤을 자고 가는 나그네라도 돌 하나의 일조가 절실히 필요했겠지요."

"그 말도 일리가 있네."

"시골 부자가 큰집을 지어도 애틋한 전설이 내려오는데 만리장성 같은 대역사에 구전설화나 전설이 없을 리 없겠지요."

진시황 시절 어느 시골 벽촌에 갓 결혼한 신혼부부가 살고 있었다지. 원앙 같은 선남선녀는 서로를 지극히 사랑했다. 그러나 행복도 잠깐! 낭군이 만리장성 축성에 부역을 떠나게 되었다. 일단 장성부역에 가면 살아올지도 모르는 시절이었다.

낭군이 떠나고 세월이 한해, 두해, 세해……. 낭군은 돌아오지 않았다. 그러던 어느 날 젊은 나그네 하나가 홀로 사는 이 여인의 집에 묵게 되었다. 나그네는 여인의 미모에 반하여 사모의 정을 고백하고, 이에 여인은 자신의 처지를 하소연하였다.

부역에 나간 남편의 생사를 모르니 개가를 할 수 없는 처지입니다. 귀인께서 만리장성에 들러 남편의 생사나 확인하여 주시면 운명인줄 알고 귀인을 따르겠습니다. 나그네는 여인을 맘에 두었던지라 선뜻 응낙하였다. 불타는 하룻밤을 묵고서, 떠나는 날 여인은 길손에게 작은 보퉁이와 편지를 내어 주면서, 남편에게 이별을 고하는 편지와 깨끗한 옷 한 벌을 마련했사오니 살아 있거든 부디 전해주시기 바란다고 청하였다. 그날로 나그네는 길을 떠나 장성에 도착하여, 축성을 관리하는 병영에 이르렀다. 남편은 살아있었다. 나그네는 병사에게 전해줄 편지와 보퉁이를 내밀었다. 병사는 편지를 뜯어보더니 길손을 두어 번 훑어보곤 고개를 끄덕거리었다. 그날이후 나그네는 다시 돌아올 수 없었고, 여인의 남편은 집으로 귀향하였다.

편지에는 이렇게 씌어 있었다.

…저희 남편 되는 아무개는 이미 3년간 축성 일에 종사한지라 이 편지를 전달한 이를 대신하여 보내오니 저희 남편과 교대하여 주시기 바랍니다. 감사하는 뜻으로 얼마간의 노자를 동봉합니다.

철차를 타고

북경-상해간 열차에 올랐다.

14시간이 걸린다한다. 대륙 횡단이나 종단을 위해선 며칠씩 기차를 타야한다고 하니 대국은 대국이다는 생각이 든다. 4명당 1실의 침대차가 배정되었다. 객실 좌우 양쪽으로 이층 침대가 놓여 있는데 무척 좁아 보였지만 익숙해지니 한결 나아졌다. 어쨌든 소위 침대차라는 것을 처음 타게 되었다. 소싯적 영화에서 본 오리엔트 특급의 호화판 침대열차 분위기는 아니었지만 나름대로 여행의 운치가 느껴졌다. 6시 출발이니 오월의 해가 아직 한참 길다. 북경을 벗어나니 그저 시골 풍경이다. 산 하나 없는 평원이 길게길게 이어지고 있었다. 그 사이로 드문드문 붉은 황토 빛 촌락들이 이따금 을씨년스럽게 시야에 들어온다. 경부선, 호남선 풍경과는 다르다. 인가가 매우 드물고, 확 트인 평지가 계속해서 이어지는데 13억 인구라지만 땅덩이가 크다보니 전혀 옹색함이 없어, 대륙의 광활함이 절로 느껴진다. 기차는 생각보다 깨끗하고 수준급이다. 아리따운 승무원들이 차량마다 배치되어 있고, 식당의 서비스도 괜찮았다. 중국은 도로보다 철로가 더 발달하였고, 따라서 기차(중국에서는 철차라 부름) 역시 그 운영이나 설비가 수준급인 것 같다. 턱을 괴고 앉아 창밖을 바라보았다. 간간이 비치는 낡은 벽돌가옥들은 북경의 쭉쭉 뻗어가는 빌딩들에 비하여 초라하기 그지없다. 남루한 차림의 시골농부들 역시 북경의 번화가에 북적거리는 맵시 있는 옷차림의 청춘 남녀들과 전혀 다르다. 마치 현대에서 과거로 가는 타임머신 기차를 타고 있는 느낌이다. 번창하는 도시와 쇠락한 농촌, 명동에 못지않은 북경 왕부정 거리의 젊은이들과 구깃한 인민복 차림새의 농민들, 이 나라는 발전의 와중에서 극과 극의 스펙트럼을 여과 없이 보여주고 있다. 커져가는 빈부의 격차는 머지않아 이 나라가 해결해야할 최대의 과제가 될지도 모른다. 이런저런 상념에 잠기다 혼곤히 잠에 빠져 들었다.

두런거리는 소리에 잠을 깨어 보니, 커튼 밖으로 뿌옇게 아침이 밝아오고 있었다. 커튼을 걷고 창밖을 보니 풍경이 사뭇 다르다. 여기저기 수로가 이어져 있고, 물길 따라서 나룻배들이 보이기 시작한다. 대개가 낡고 사용하지 않는 것으로 보였지만 제법 큰 배들도 종종 보였다. 북경은 물이 몹시 귀한 지역이다. 그러나 강남은 예부터 물이 풍부한 곳. 한때는 북경과 상해간의 수로를 이용한 수상교통이 매우 활발하였다한다. 수양제가 강남의 물자를 북으로 운반하려 대수로를 건설한 곳이 바로 여기이다. 운하의 자취가 아직 끊어졌다 이어지는 저 수로와 거룻배들에 남아 있는 것이다. 강남 8고을을 틀어쥐고 오의 손권이 조조, 유비와 천하를 다투던 고장이 바로 예 아니던가? 기차는 서서히 상해시로 진입하고 있었다.

중국을 가다 2

上海의 밤

하루 종일 피곤하여 호텔에 들어와 샤워하고 누우니 곧 바로 잠이 밀려 왔다. 잠결에 문 두드리는 소리가 들려 열어보니, 전달사항 "빨리 나오시랍니다. 안 나오면 올라온다는 데요? 로비에서 기다리고 있답니다." "아하! 이거 참!" 주섬주섬 옷을 주워 입고 로비로 내려갔다. 동기란 그런 것 인가보다. 수 천리 고향을 떠나 타국에 나왔는데 술 한 잔 없이 보내기가 서운한 법! 택시를 타고 찾아간 곳은 어느 호텔건물, 4층에 위치한 노래방. 솔직히 노래방이라기보다 룸살롱 분위기다.

"짠!" 팔등신의 미녀가 수두룩이 나온다. 북경이고 상해고 거리에서 예쁜 여자 보기가 그리 힘들더니, 미녀들은 다 술집에 있었구나! 맥주에 양주에 폭탄주에 블루스. 서울이랑 똑같네. 아니 참, 아가씨들이 다르구나. 한족 아가씨 반, 조선족 아가씨 반, 중국에 왔으니 중국아가씨를 파트너로? 그러나 한편으론 고생한 내 동포 한 푼이라도 벌게 해주어야지 하는 마음도 든다. 조선족 동포들, 그들은 바로 만주벌판을 달리던 우리 애국선열의 자손, 굶주리고 굶주리다 보퉁이 하나씩 매고 만주로 연변으로 이주해 간 불쌍한 우리 선조의 후손 아닌가? 세상이 바뀌어 이렇게 만나누나! 허무!

그러나 이 순간은 모두 잊어버리자. 청년 조조가 낙양성에서 술 한 잔에 부르던 노래를 안주삼아,

對酒當歌 술잔은 노래로 마주해야 하리.
人生幾何 우리 삶이 길어야 얼마나 되나.
譬如朝露 견주어 아침이슬에 다름없건만
去日苦多 가 버린 날들이 너무 많구나.
慨當以慷 하염없이 강개에 젖어 보지만
憂思難忘 마음속의 걱정 잊을 길 없네
何以解憂 무엇으로 이 걱정 떨쳐 버릴까.
唯有杜康 오직 술이 있을 뿐이로다.

역사의 아이러니는 도처에 있다. 북경의 술집, 북경의 거리, 상해의 술집, 상해의 거리, 그 군상들 하나하나가 무엇이 다른가 서울과. 한국의 고등문화는 국력신장과 함께 이렇게 뻗어간다 세계로! 중국은 루비콘 강을 건넜다. 이미 돌아올 수 없는 다리를 건넌 것이다. 중국이 이제 과거로 회귀할 수 없음은 분명하다. 50년 만에 어느 정도 경제입국을 하였다고 은근히 자부하는 우리보다도 훨씬 더 빠른 속도로 중국은 변하고 있다.

그것이 향락문화를 동반하는 것은 부수적인 일이지만, 그 발전 속도는 가히 환상적이다. 상해의 포동지역(황포강을 중심으로 포서는 구시가, 포동은 신시가)에 펼쳐진 수십 층의 즐비한 고층 빌딩들, 남경로(서울명동)를 꽉 메운 인파, 황포강에서 보는 현란한 야경은 서울을 오히려 초라하게 한다. 대륙의 물줄기를 틀고, 南巡講話(등소평이 정치일선에서 물러난 후 보수주의자들에 의해 개혁개방 후퇴론이 제기되자 등소평은 1992년 남쪽의 선쩐, 쭈하이 등을 순회하면서 개혁개방은 앞으로도 1백년 이상 변할 수 없는 기본방침임을 재천명한 사건)를 통하여 경제입국을 채찍질한 이는 바로 작은 거인 등소평, 후일 등소평이 모택동보다 더 추앙 받으리라 생각이 든다. 등소평이 없었다면 아마 중국은 지금도 잠자고 있을지 모른다.

여행을 마치며

중국, 참으로 가깝고도 먼 나라였지만, 이젠 더 이상 먼 나라가 아니다. 배로 한나절, 비행기로 2시간이면 바로 중국의 심장부에 하시든 올 수 있다. 여행을 통해서 느낀 거지만 이 나라는 전혀 낯설지가 않다. 처음 미국에 갔을 때 느꼈던 사회적, 문화적 충격에 비하면 한국을 여행하는 것과 흡사하다. 왜일까?

비록 공산화되어 수십 년의 폐쇄기간을 거쳤지만 근본적으로 중국과 우리는 유사한 점이 너무 많다. 인종은 다르지만 검은머리 째진 눈, 비슷한 체구로 다를 바가 별로 없다. 문화적 차이는 무어랄까? 근본적으로 한국문화는 중국문화의 지류이다. 물론 우리가 계승받아 나름대로 더 발전시킨 부분이 많지만 공자와 맹자, 노장사상, 불교문화에 이르기까지 그 맥을 같이한다. 똑같다고 말할 수 없지만 본질적으로 뿌리가 같은 것이다. 나라가 넓으니 생각이나 사고의 폭이 넓을 뿐이지 사고의 방향은 동일하다. 만리장성이 그렇고 자금성이 그러하다. 북경이 그렇고 상해도 그렇다. 북경이나 상해 모두 인구가 천오육백만이 되지만 그 넓이가 서울의 10배 이상이다. 서울같이 거리거리가 북적거리는 그런 도시가 아니다.

오히려 음식 맛은 생각보다 다르다. 좀 더 짠 것이 문제가 아니라 우리에겐 역한 향료가 많다. 그래봤자 중국의 먹거리는 우리에게 크게 이질적이지는 않다. 화교들이 일부 중국음식을 소개한 것도 있지만, 수 천 년의 역사적 유대관계 속에서 어느 정도 친숙해진 탓이리라.

역사상 비슷한 시기에 동양과 서양의 2제국 중국과 로마를 보자. 진시황은 중국을 통일하고 만리장성을 쌓았다. 중국대륙, 중원의 넓은 천지를 제외하고 성 밖의 땅은 다 오랑캐의 터전으로 갈라버린 것이다. 중국 대륙이 천지요 세계의 중심이라는 중화사상은 그래서 사실 폐쇄적이고 보수적인 것이다. 그 시대 로마는 유럽을 정복하고 세계 도처로 뻗어가는 길을 건설하였다. 도로건설이나 장성축조는 어찌보면 같은 것이다. 장성은 방어를 위해서 높이높이 돌담을 치는 것이요 도로는 왕래를 위하여 좌로, 우로 돌담을 펼쳐가는 것이다. 여기로부터 서양과 동양의 역사가 바뀌어졌을 수도 있다. 성벽이 높다 해서 국가가 영생하지는 않는다. 한 국가의 멸망은 대부분 내부에서 비롯된다. 팔달령에서 바라 본 만리장성은 절대 방어용 성벽이 아니었다. 만리장성은 정치적 생성물이며, 과시용이다. 천하를 통일한 진시황이 패망한 국가의 재건을 막고자 젊은이들을 장성노역에 종사시키고, 대내외적으로 통일국가의 위세를 과시하기 위한 목적이 첫째인 것이다. 중국인의 폐쇄성은 지금에도 엿볼 수 있다. 중국집의 대문은 입구가 자그맣다. 대궐 같은 부자 집도 들어가는 입구는 조그마하다. 밖에서 대문만을 볼 때 그 집이 큰지 작은지 잘 알 수가 없다. 문은 조그마하나 일단 들어가면 엄청난 규모의 정원과 위풍당당한 건물이 즐비한 경우가 많다. 등소평의 위대함이 여기 있다. 수천 년간 절연되고

격리되어 고립된 중국을 개방으로 이끈 것이 바로 그이기 때문이다. 배포가 크고 실리를 챙길 줄 아는 중국인 크고 작은 전쟁에 패하였어도 결코 영토를 내주지 않은 민족. 아편전쟁, 청일전쟁, 러일전쟁, 숱하게 패하면서도 한 치의 영토도 양보하지 않고 지켜낸 이들. 홍콩의 경우만 보더라도 99년간 조차한 영국은 99년간 홍콩에 투자하고 개발해서 통째로 중국에 넘겨준 꼴이다. 삼국을 통일하고 2/3가 넘는 국토를 내어준 신라의 통일. 그것은 통일이라기보다 대국의 기틀을 송두리째 뽑아버린 우리나라 역사 최대의 비극일 수도 있다.

중국은 과연 우리에게 무엇인가? 분명 중국은 우리에게 기회이다. 실로 엄청난 기회가 아닐 수 없다. 바로 코앞에 있는 13억 인구의 대국 중국. 이는 우리의 상품시장으로서 경제적 가치는 물론이고, 정치적, 군사적으로도 일대 원군이 되는 것이다. 중국으로 하여 북한을 억누를 수 있고, 미국에만 의존하던 수출도 한결 부담을 덜고 있다. 정치적, 군사적으로 미국도 알게 모르게 견제가 된다. 일본의 경우도 마찬가지다. 역사적으로 일본이 흥하면 자주 우리를 넘보았고, 우리 민족은 사무치는 피해를 겪어 왔다. 중국 역시 다를 바 없다. 그러나 일본에 비하여 중국과 우리는 공생 공존하는 경우가 많았고, 국가의 발전도 궤를 같이하는 경우가 많았다. 지리적 문화적, 정치적 제반 요인들에 기인하는 바 크겠지만, 중국은 그 덩어리 자체의 경영도 버거울 정도로 큰 나라이기 때문이다. 중국은 더 이상 잠자는 사자가 아니다. 기회는 주어지지만 순식간에 사라지기도 한다. 중국을 좀 더 알고, 중국을 좀 더 이해하고, 중국과 우리가 같이 발전할 수 있도록 국가적, 개인적 그리고 기업간의 노력이 절실히 필요한 때인 것 같다.

이제 나 역시 일상으로 돌아가자.

"나는 오늘의 닭고기를 씹어야 하고, 나는 오늘의 눈물을 삼켜야 한다." (최승자)

미몽迷夢

어린 시절 지리산에 간 적이 있다. 고등학교 2학년 여름방학 때 시골 형들의 산행에 따라 나선 것이다. 용력이 샘솟듯 하는 나이였지만 등산경험이 없는 나에게 지리산은 강적이었다. 첫날부터 산길 수십 리가 보통 힘든 게 아니었으되, 기죽기 싫은 마음에 내색하지 않았다. 백무동으로 들어서서 중간에 한 번 야영을 하고, 둘째 날 장터목을 목적지로 세석평전을 향해 가는 길 아니었을까 생각된다. 소나기를 만났다. 소나기가 아니라 게릴라성 폭우였다. 엄청 많은 비를 퍼부어댔다. 얼추 정오가 넘어 가는데 그칠 기미가 없었다. 빗속을 뚫고 다음 야영지로 나아갔다. 얼마를 갔을까. 물이 엄청 불어난 계곡을 만났다. 계곡이 아니라 강이었다. 물줄기가 우르르 쾅쾅 폭포 물 떨어지듯 굴러 내리는 것이었다. 한참을 기다렸다. 비는 그칠 기색이 없었고, 날은 곧 어두워지려 했다. 숲속 한가운데 어디 야영할 만한 자리도 없었고 돌아가는 길 역시 계곡을 건너야 했다.

리더인 형이 결국 몸에 밧줄을 묶고 건너길 시도했다. 10미터 넘게 늘어난 계곡의 급류는 무서웠다. 우당탕하며 큰 돌도 굴러 내려왔다. 경험이 많아서인지 성난 물살을 요리조리 피해 가며 가까스로 건너갔다. 크고 튼튼한 나무를 골라 밧줄을 얽어매고 이쪽에도 묶었다. 한 명씩 그 밧줄을 잡고 건너갔다. 내

차례가 되었다. 중간 쯤 지났을까. 갑자기 바닥의 돌에 미끄러지며 밧줄을 놓쳤다. 그 순간 바로 물길에 휩싸이며 격류 속으로 쓸려가고 말았다. 순식간에 일어난 일이라 손을 쓸 틈도 없었다. 아차 하는 순간 까마득 흘러 내려가 버린 것이다. 물속에서 불쑥 몸이 솟구치는 순간 이렇게 죽는 것인가 싶었다. 희미한 의식 속에 무언가 보였다. 힘을 다해 움켜쥐었다. 그리고 아프게 부딪혔다. 잡힌 것은 쓰러진 큰 소나무 가지였다. 뿌리가 아직 다 뽑히지 않은 채 바위에 걸려 물살을 막고 있었던 것이다. 나뭇가지를 잡고 물살에 부딪히며 죽을힘을 다해 급류에서 벗어날 수 있었다. 그리고 기진맥진하여 쓰러져버렸다.

차가운 기운에 의식이 들어 깨어나니 비는 그치고, 칠흑 같은 밤 물소리만 천지에 울리고 있었다. 어둠 속에서 시간이 지나간 거다. 버틸 힘도 없이 겨우 일어나 무작정 걸었다. 걸었다기보다 기었다. 기었다기보다 더듬었다. 길이 어디 있는지도 몰랐다. 풀과 나뭇가지에 긁히고 넘어졌다. 돌에 채이면 같이 굴렀다. 세상은 캄캄한데 어디로 가는지도 몰랐다. 식은땀이 흘렀다. 몽롱한 의식 속에서 그저 앞으로 가야한다는 생각뿐이었다. 그때, 어둠속에 어렴풋이 무언가 보였다. 스쳐가는 바람처럼 잠깐 비추었다 사라졌다. 신기루일지도 몰랐다. 무작정 그곳을 향해 걸었다. 화전민이 떠난 다 부서진 집에 등산객이 폭우를 피해 야영하다 비친 불빛이었다. 부지불식간에 비치었던 실낱같은 불빛이 나를 살린 것이다. 사실 내 인생을 길잡이 해주었던 것은 태양이나 아름다운 무지개 같은 것이 아니었다. 성스럽고 거룩하신 분도 아니었다. 실낱같은 불빛이었다. 흘려버릴 뻔 했던, 아니 많이도 흘려보냈을 그런 미약한 불빛이었다.

오십 중반을 넘어가며 다시 인생의 좌표를 잃고 흔들리나 싶다. 감각을 잃어버린 무감성시대, 시대의 격류에 휩쓸려 떠내려가면서 어찌 살아야할까 생각한다. 인생을 그저 두루마기 휴지처럼 낭비하고 있는 것은 아닌지 고민한다. 지나간 수십 년의 직장생활, 얼마 남지 않은 월급쟁이 생활을 앞에 두고, 보이지 않는 회의에 직면한 것이다. 현실에 얽매어 안락한 삶을 계속 추구할 것인가. 이렇게 살 수밖에 없는 것인가. 유년의 꿈을 찾아 방랑의 길을 떠날 것인가. 몽롱한 의식 속에서 내가 움켜쥐었던 나뭇가지, 그리고 나를 인도하였던 꿈결 같은 불빛. 오늘도 나는 다시 실낱같은 불빛을 찾아 헤맨다.

헤르만 헤세는 말했다. 오늘 인간의 삶은 자기 자신으로 향하는 하나의 길이고, 그 길을 가려는 시도이며 어떤 길로의 암

시이다. 일찍이 어느 누구도 완벽하게 그 자신이 된 적은 없었다. 그럼에도 불구하고 그 자신이 되어보기 위해 어떤 사람은 다소 선부르게, 어떤 사람은 보다 명석하게, 자기의 힘이 닿는 만큼 노력한다. 자신의 목숨이 다하는 한 누구라도 자신의 출생의 잔재를, 태고 적의 정액과 알의 껍질을 마지막까지 끌어안고 가고 있다. 끝끝내 인간이 되지 못하고 개구리나 도마뱀, 개미에 머물러버리는 일도 허다하다. 머리는 사람이지만 몸은 물고기인 경우도 있다. 우리가 서로를 이해할 수는 있지만 자신에 대한 해명은 자기 자신에게 밖에 할 수 없다.

부다페스트

혹 누가 중세와 근세의 느낌을 같이 느낄 수 있는 도시를 추천하라 한다면 부다페스트를 들 것이다. 프라하도 물론 거기에 합당하는 도시이지만 중세의 분위기가 강하게 느껴진다. 이에 비해 부다페스트는 중세와 근세의 분위기가 고루 섞여 있는 듯 싶다. 프라하가 2차 대전을 겪고서도 거의 완벽하게 중세의 건물들을 유지할 수 있었던데 반해 부다페스트는 전쟁 중 폭격으로 파괴되거나 파손된 후 전후 복구에 의하여 재건된 점도 있을 듯하다. 또 부다페스트의 인구 자체가 2백만에 이르는 방대한 도시인 점도 있을 것이다. 유럽에 유명한 도시가 많아도 2백만의 도시는 그리 흔치않다.

비엔나, 부다페스트, 프라하는 오스트리아-헝가리 이중제국 Austro-Hungarian Empire을 대표하는 3대 도시였다. 모두 중세의 우아하고 웅장한 건축물이 도심을 아름답게 장식하고 있지만 프라하는 중세의 모습을 강하게 보여주며, 비엔나는 좀 더 근세와 현대에 가깝지 않나 싶다. 그에 비해 부다페스트는 중세와 근대의 모습이 잘 어우러진 도시랄까. 유럽대륙 최초로 건설된 유서 깊은 지하철이 있으며, 지상에는 아직 전차Tram가 다닌다. 또 전기선을 동력으로 다니는 버스Trolly도 여전히 대중 교통수단이다. 인구 2백만의 도시라고 믿기에는 한적한 도시다. 슬로우 시티다. 헝가리 전인구의 43%가 자전거를 교통 수단으로 이용하며, 45%가 출퇴근 시 차량을 이용하지 않는다고 한다. 자전거 교통 분담율이 암스테르담, 코펜하겐에는 미치지 못하지만 부다페스트의 경우 36%로 매우 높다. 자전거가 다니고, 전차가 다니고, Trolley가 다니며, 유서 깊은 지하철이 지나는 도심의 풍경은 우리의 광화문길, 올림픽로, 지하철이나 만원 버스와는 사뭇 다르다. 사람이 사는 도시 같다. 한 마리 개미처럼, 광야에 버려진 외로운 늑대처럼 느껴지는 서울의 삶과는 다른 느낌이다. 까맣게 잊혀져간 과거 청춘의 한 때, 지나간 어느 날의 추억을 보는 느낌도 있다. 널널한 출근길의 모습들. 자전거를 타고 중심도로를 씽씽 달려가는 사람들, 다뉴브강을 따라 조깅을 하는 아가씨들, 강아지와 더불어 산책을 즐기는 노인들. 긴장감이 없다. 편안하다.

헝가리인의 선조는 우랄알타이 산맥에서 기원한 유목민족으로 머져르족Magyar이라 한다. 서기 896년 머져르 족 7개 부족의 대족장인 아르파드Arpad가 서진을 계속하다 카르파티아 분지Carpathian Basin에 세운 나라가 헝가리의 기원이다. 중앙아시아 문화와 유럽의 문화가 긴 역사 속에서 융합되어 서유럽과는 분위기가 조금 다르다. 전통과 문화, 언어에 대한 사랑이야 비슷하겠지만, 조상에 대한 정이 많다. 선조들의 혼령을 위해 참배하는 특별한 날이 전통에 의해서 이어지고 있다. 또 동상이 유별나게 많은 나라다. 관광지만이 아니라 시골의 조그만 공원, 마을 근처 구석구석, 심지어 밀밭에도 여기저기 동상이 세워져 있다. 대부분 헝가리를 지켜온 훌륭한 조상들이다. 독립투사도, 정치인도, 시인도, 화가도, 성모마리아도 돌부리에 치일만큼 많다. 박물관은 말할 것도 없다. 곳곳에 전통가옥이 있고 앤티크, 수공예품을 팔거나 전시한다. 부다페스트에만 온천이 30여개 되며 많은 온천이 전국에 널려 있어 온천욕을 무척 즐긴다. 특히 자국어에 대한 사랑은 각별하다. 부다페스트 시내에서조차 영어 표기된 간판보기가 쉽지 않을 정도다. 인구 천만이 사용하는 소수언어이기에 더욱 그 정체성을 지키기 위하여 자국어를 고수하고 사랑하는 것일까. 부다페스트 도심의 건물들을 유심히 보노라면 층마다 같은 구조를 가진 건물이 하나도 없음을 알게 된다. 양식이 조금씩 다르다. 1층과 2층, 3층, 4층과 5층 저마다 다른 구조와 형태를 보여준다. 적어도 창문 구조라도 상이하다. 일률적으로 찍어내는 현대의 건물이나 아파트와는 Impression이 다르다. 미적 감각이 뛰어난 민족이 아니고서야 층마다 다른 구조와 형태를 갖도록 만들겠는가?

부다페스트는 변하지 않는다. 5년 전에도 같은 모습이었다. 아마 5년 후에도 10년 후에도 같은 모습으로 맞아 줄 것이다. 하루가 바쁘게 변하는 서울의 빌딩 숲에서 살다보니 변함없는 부다페스트의 모습이 오히려 고향 마을 같다. 다뉴브 강과 어우러져 수채화처럼 다가오는 풍경들, 안개라도 살짝 낀 날 아침 머르깃Margaret 다리위에 올라서서 한없이 흘러내리는 다뉴브 강물을 바라보라. 나도 따라 흘러간다. 영원인 듯 강물은 흘러가는데 한 폭의 그림 같은 부다페스트여! 밤에는 갤레르트 Gellert 언덕에 오르자. 부다페스트의 야경은 환상적이다. 도시 전체가 동화 속 나라가 된다. 란치드Lanchid 다리의 아름다운 모습과 부다 왕궁의 실루엣이 다뉴브 강에 아롱지는 장관은 탄성을 자아낸다. 떠나간 여인을 떠오르게 한다. 두 뺨에 눈물이 흐르게 한다.

헝가리 정부 관료가 웃으며 이런 얘기를 했다한다. 작금의 초강대국 미국이 망하길 원한다면 그건 매우 쉽다. 어려운 일이 아니다. 헝가리가 미국과 동맹을 맺으면 된다. 1차 대전시 독일과의 동맹국이었고, 2차 대전시 또한 나찌와 동맹국으로 싸워 연합국에 패전하였다. 2차 대전 후에는 소련의 위성국가로 동맹국이었다. 헝가리의 동맹국은 모두 패망하였다. 1차 세계대전 후 트리아농Trianon 조약으로 헝가리는 국토와 인구의 3분의 2를 잃었다. 헝가리가 다시는 재기하지 못하도록 승전국들이 손발을 잘라버린 것이다. 근세기에 엄청난 국가적 재앙을 당한 것이다. 현재의 Fidez청년민주동맹와 같은 극우 정권이 과거의 영광을 회복하는 것을 지상과제로 삼는 데는 이러한 쓰라린 과거가 있다. 또 이것이 극우정권의 탄생 배경이다. 수난의 역사를 수없이 겪은 탓인지 헝가리인은 우리와 정서적으로 비슷한 점이 많다. 앞장서 나서지 않으며 자조적인 면이 강하다. 정이 많다. 자신감이 결여되어 있다. 수동적인 면이 강하다. 수상 빅토르 오르반Victor Orban이 최근 말하기를, "우리 헝가리인에게는 극복해야할 2가지 문화가 있다. 하나는 자기연민이고 또 하나가 그 사촌인 '나대지 마라'는 문화다Hugarian has 2 enemies it must overcome: self-pity and its cousin the culture of 'dissuasion'." 비슷하지 않은가?

부다페스트에 산지 햇수로 어언 5년째다. 3년이면 서당 개도 풍월을 읊는다는 우스개가 있는데 짧은 세월은 아니다. 헝가리는 오래된 고향처럼 느껴지는 편안하고 아름다운 도시임에 틀림없다. 그러나 우중충한 분위기와 침체된 느낌은 지울 수 없다. 겨울은 날씨도 을씨년스럽다. 반면 사람들은 편안하다. 급하지 않다. 여유가 있다. 우리 대한민국은 활기차고 역동적이지만 무언가 뒤죽박죽인 혼돈Chaos상태의 느낌이 든다. 무어랄까? 이륙 중인 비행기 같다. 아직 제 궤도에 이르지 못하여 하늘을 향하여 추진 중에 있는 인공위성처럼 느껴진다. 빨리 이륙이 끝나고 제 비행궤도에 안착하기를 바란다. 무사히 위성궤도에 진입하기를 바란다. 너무 높이 너무 멀리 가는 것만이 목표는 아닐 것이다. 비행기는 비행궤도가 있고, 위성은 위성궤도가 있다. 사람도 아마 그럴 것이다.